천국,
시간여행

천국, 시간여행

이 땅에서 일어나는 하나님나라에 대한 진실한 이야기

데이비드 맥로우한 지음

임 신 희 옮김

신교횃불

목 차

"천국은 우리가 눈을 들고 올려다보는 머리 위의 어떤 공간이 아니다.
그것은 우리가 존재하도록 하는 배경이며,
우리가 서 있는 곳에서 모든 것을 아우르는 주되심이다."
헬무트 틸리케 (1908~1986)
독일의 루터파 신학자

"우리는 천국의 시민이다."
요한 크리소스톰 (4세기 경)
교부

"지구는 천국으로 비좁을 지경이다."
엘리자베스 브라우닝

"천국은 우리의 머리 위에도 있지만
우리의 발밑에도 있다."
헨리 데이비스 쏘로우

들어가는 말:
천국은 우리가 발견하기 나름!

결혼이란 배우자를 평생토록 사랑하고 지지하겠다는 서약이다. 그런데 그런 백년가약을 길거리에서 만난 사람과 대충 맺지는 않을 것이다. 배우자가 될 사람과 시간을 보내며 여러 가지 상황을 통해 상대방을 알아가고, 또 그 사람이 다른 사람을 어떻게 대하는지 지켜볼 것이다. 그리고 마찬가지로 그 사람도 당신을 지켜보며 지지하고 사랑하기를 원할 것이다. 그 외에 달리 결혼식의 제단으로 가는 길을 맛볼 수 있는 방법이 있는가?

자녀 양육은 아이들이 하듯 장난감 아기 인형을 돌보는 놀이가 아니다. 하지만 자기 자식을 키우기 전에 대개는 먼저 앞선 사람들의 시행착오의 순간들을 지켜볼 기회를 가지게 된다. 조카나 이웃 아이들과 같은, 장난감이 아닌 진짜 아이들을 말이다.

우리가 살고 있는 이 삶은 일종의 시험대가 아닐까? 천국을 위해 우리를 준비시키는 여행 혹은 정화의 시간과 같은. 만약 그렇다면, 우리 주변엔 이미 작은 천국의 조각들이 있어야만 한다. 잘 생각해 보자. 준비 없이 그 거대한 하나님나라를 갑자기 만난다면 어떨 것인가! 자전거를 막 배운 아이에게 헬멧을 씌워주는 부모의 마음처럼 우리 하나님 아버지는 그 천국을 위해 우리를 준비시키신다.

마태복음에서 예수님은 계속해서 하나님나라를 설명한다. 그리고 매번 아주 친근한 예를 사용하신다. 이 세상에는 천국처럼 엄청난 어떤 것을 설명하기에 더 적당한 놀랍고도 신비로운 면들이 많이 있지만 예수님은 겨자씨, 일꾼, 어린 아이, 잡초, 진주 등과 같이 평범한 예를 사용하신다.

그렇다면 천국은 아주 작은 것들일지라도, 이미 평범하게 우리 곁에 있고, 또 우리가 알아주기를 고대하고 있는 것은 아닐까?

여기까지 생각이 미쳤다면 바로 여기 우리가 사는 이 땅의 평범한 일상생활에 다른 시대, 다른 문화 속에 살았던 예수님의 예화를 적용해보자. 그 예화의 정확한 정의들이야 장담할 수 없지만 예수님께서도 우리에게 구체적으로 어떻게 보라고 정확하게 지시하신 바가 없지 않은가. 예수님은 그냥 우리에게 생각거리를 던져 주시기만 하셨다!

독자는 이 책의 이야기들을 다른 방법으로 풀어내거나 분류를 다시 하는 것이 좋다고 생각할 수도 있다. 그 생각이 옳을 지도 모르겠다. 하지만 천국은 절대로 어떤 항목으로 분류할 수 있는 것은 아니라는 확신이 나에게 있다. 예수님이 주신 예화들은 이 땅에 펼쳐지는 하나님나라의 아주 작은 일부분일 뿐일 것이다. 예수님이 정말 우리에게 말씀하시고자 하는 것은, 만일 우리에게 볼 눈이 있다면 … 그 하나님나라가 바로 이곳이라는 점이다!

그러므로 우리는 주님의 가르침을 마음 판에 새기고, 주변을 돌아보자. 바로 여기에 벌어지고 있는 천국을 잠시 엿볼 수 있을지 누가 알겠는가.

천국은 이런 사람의 것이라

예수께서 이르시되 어린 아이들을 용납하고 내게 오는 것을 금하지 말라
천국이 이런 사람의 것이니라 하시고
마태복음 19장 14절

"천국이 이런 사람의 것이니라." 놀랍지 않은가!

물론 어린 아이들이라고 다 예쁘기만 한 것은 아니다. 아이들이라고 세상의 때가 빗겨가기만 하는 것은 아니기 때문이다. 하지만 어린 아이들이 순수할 때에는 천진난만하고 사랑스럽고 속을 감추지 못하는, 끝없는 매력 덩어리들이다. 그와 같은 사람들과 영원히 함께 한다고 상상해보자.

우리는 나이가 들면서 두려움, 의심, 질투, 미움과 같은 매력과는 거리가 먼 속성을 키우기도 한다. 우리로 하여금 이 세상에서 하나

님의 작품을 온전하게 감상하지 못하게 하는 그러한 속성은 다시 올 세상에서는 설 자리가 없을 것이다.

아직까지도 여전히 세상에 속한 사람들이었던 예수님의 제자들은 주님으로부터 아이들을 떼어놓으려고 했다. 그들은 예수님께서 아이들이 가까이 오는 것을 귀찮아하실 것이라고 생각했던 것 같다. 아마도 예수님을 중요하게 모시다 보니 어린 아이들에게 시달리시는 것을 원치 않았을 수도 있다. 그렇지 않다면 그들은 자신의 사회적 지위를 예수님과 동급으로 여겨, 아이들과 노는 예수님을 사람들이 보면 자신에게도 별반 이로울 것이 없다고 느낄 수도 있었을 것이다.

우리 주님과 함께하던 어린이들에게는 그 세상적인 두려움과 불안이 없다는 것이다.

때로 우리에게 가장 큰 적은 우리 자신이다. 우리는 의심, 야망, 욕망, 걱정에 휩싸여, 우리의 삶이 하나님의 형상을 반영할 때 드러나는 자질인 순수함에서 멀어지고 만다.

반면에 하나님에게서 이 세상으로 온지 아직 오래 되지 않은 어린이들은 여전히 그 순수함을 아무렇지도 않게 걸치고 있다. 그것은 마치 천국이란 아이들이 우리의 삶으로 걸어 들어오면서 뒤에 길게 늘어뜨린 장옷과 같다.

한때, 우리도 한때는 그러하지 않았던가. 그리하여 그리스도 안에서 우리는 다시 그와 같이 순수해질 수 있을 것이다.

어린이의 가치를 우리는 영적 성장의 목표로 삼을 수 있을 것이다.

******

'주라 그리하면 받으리라' 이런 종류의 사건들을 이래저래 많이 겪었지만 그중에서도 소중한 기억으로 간직하고 있는 일이 있다. 그날은 아들 조쉬가 중학교에 입학하기 전날이었다. 11살짜리 아이에게는 큰 사건이 아닐 수 없으므로 아이는 기대감에 들떠 학교 갈 준비를 하고 있었다. 다른 일을 하고 있던 나는 조쉬가 내 필기구 통을 뒤지고 있는 것을 발견했다. 그때까지 그 아이는 대부분 연필을 사용하고 있었다. 이제 중학교에 가게 되었으니, 펜을 쓰고 싶었던 거다. 조쉬는 윗부분을 물어뜯은 낡은 볼펜을 하나 찾아냈다.

그 모습을 보고 나는 내가 가장 아끼는 상당히 비싼 펜을 보관하는 서랍에 가서 하나를 골랐다. '오, 이런. 이렇게 중요한 날에는 그보다는 나은 펜을 쓸 자격이 있어.' 나중에 아깝다는 생각이 들 수도 모르지만, 이건 정말 특별한 경우니까.

"조슈아," 내가 낮고 진지한 목소리로 불렀다. 그리고는 "여기 내가 가장 아끼는 최고의 펜을 다음 세대의 성경필기자의 대표인 자네

에게 수여하노라. 이것을 잘 보관하여 신실하게 사용하도록 하라,
…" 어쩌구저쩌구 낯간지러운 말들을 늘어놓았다.

조쉬는 빙긋 웃더니 고맙다고 했다. 아마 속으로는 아빠가 허풍장
이라고 생각했겠지만, 아무튼 나는 그 후 다시 하던 일로 돌아갔다.

공교롭게 그날은 마침 내 생일이었다. 하지만 가족이 주말여행을
갔다가 막 돌아온 후라 특별히 선물을 기대하지는 않았다. 펜 수여
식이 있은 지 몇 분이 지나, 조쉬가 얼굴 가득 미소를 띠고 오더니
내게 예쁘게 포장된 상자 하나를 건네주었다.

놀란 나는 그 상자를 열어 안을 들여다보고는 더욱 놀랄 수밖에
없었다. 그 상자 안에는 아름다운 최신 펜이 들어 있었다!

다른 사람은 어떤지 모르겠지만 나는 어둠을 틈타 멍청한 일을 한
적이 있다.

한 번은 아이들을 해변에서 열리는 캠프에 데려갔었다. 놀 것들이
많은 중에, 특히 그날 저녁에는 큰 홀에서 서커스가 열린다고 했다.

무대 가까이에 있는 탁자를 얻기 위해 우리는 일찌감치 도착해서
자리를 잡았다. 물론 그것은 주최 측이 바라는 바였다. 결국 그들이
돈을 벌기 위해서는 관람객들이 그곳에서 판매하는 음식과 음료를
사줘야했다. 사람들을 끌어들이기 위해 그 캠프의 스탭들은-20대
들로 보였다- 웃기는 의상들을 착용하고 있었다. 노래와 춤도 훌륭

했다. 그런데, 오 이런, 그 바보 같은 게임들도 있었다.

펀스터스로 불리는 그 진행원들이 아이들을 무대로 초청했다. 7살 먹은 조쉬와 8살이 된 에이미는 자리에서 꼼짝도 할 기색을 안 보였다. 그렇지만 나는 아이들에게 나가도록 격려를 했다. 그것이 바로 내 첫 번째 실수였다.

조명이 낮춰지자 펀스터스들은 아이들에게 어둠속에서 빛나고 있는 다양한 선물들을 가리키면서, 게임에서 이기려면 제일 먼저 홀에서 우산을 찾아서 무대로 가지고 와야 한다고 꼬드겼다.

그날 마침 날씨가 궂었기 때문에 그 게임에서는 쉽사리 우승자가 나왔다.

다음에는 신발이었다. 물론, 아이들은 곧바로 자신의 부모에게 달려갔다. 어떤 부모가 상을 받으려고 애원하는 자녀의 얼굴을 보고 신발을 벗어주지 않겠는가?

점차 요구 수준이 올라가자 아이들도 흥분하기 시작했다. 펀스터스들이 스웨터나 가디건을 주문했다. 그때까지만 해도 그다지 불길한 기운은 느끼지 못했다.

그러자 히스테리한 웃음소리와 함께 스커트와 바지가 호명되었다!

조쉬와 에이미는 단박에 우리 테이블로 왔다. 물론 다른 사람한테 가서 바지를 벗어달라고 부탁하지 않은 것만도 기뻐해야할 판이었다.

아내는 단호한 목소리로 절대 도와줄 수 없는 상이라고 거절했다. 그러나 나야말로 그런 면에서는 한 유연하는 사람이다.

조명이 어두웠기 때문에 나는 탁자 뒤에 앉아서 우리가 뭘 하는지 보일 만큼 가까운 곳에 다른 사람이 없다는 것을 확인하고는 . . . 그렇다, 당신의 추측이 맞다. 나는 꿈틀대며 내 바지를 벗었다. 신발은 이미 무대 위에 얌전히 올라가 있었고.

아이들이 상을 받고나서 마침내 쇼가 끝났다. 펀스터스들은 다음 순서인 서커스가 곧 시작될 것이라고 안내를 했다.

"아, 그런데 한 가지 더 말씀드릴게요." 그들은 홀의 조명등이 켜지자 이렇게 말했다. "이 치마와 바지의 주인공들께서는 무대 위로 올라와 찾아가시기 바랍니다."

그 극장 안은 웃음소리로 터져나갈 것 같았다!

정말 재미있었다. 하지만 나는 나중에 아이들에게 그 경험을 교훈으로 삼았다는 것을 알려주어야 했다.

어떤 교훈이냐고? 아무리 그 아이디어가 멋지게 보일지라도, 그로 인해 아무리 당신이 인기를 얻을 수 있을지라도 … 절대, 네버, 백주 대낮에 하지 않을 일은 어둠을 틈타서라도 하지 말 일이다.

그렇다면 바지를 벗은 모습으로 남 앞에 나서야할 일을 없을 테니까.

은행에서 줄을 서서 기다리고 있던 젊은 부부는 척 보아도 그 자리에 있는 것이 불편한 얼굴이었다.

그들이 무슨 일로 왔는지는 정확히는 모르지만, 젊은 부인이 은행 창구 직원과 이야기를 하고 있고, 남편은 유모차를 옆으로 밀어두었다.

젊은 아빠의 얼굴 표정은 자신의 형편을 부끄러워하는 듯 했다. 그는 주변을 돌아볼 때도 눈을 아래로 깔고 다른 사람의 시선을 피했다.

그의 아내가 그에게 뭔가 물어보자, 그 남자는 대답을 하려고 유모차에서 살짝 움직였다. 그 순간이었다. "아빠!" 하고 외치는 아기의 목소리가 들렸다.

다음에는, 다르지만 정말로 중요한 말을 단 두 마디 외쳤다. "우리 아빠!"

그 어린 여자 아기의 목소리가 조용한 은행에 울려 퍼졌다. "우리 아빠!" 말하면서 더욱 신이 난 아이는 계속해서 아빠를 불렀고 마침내 그 은행에서는 그 청년이 누구의 아빠인지 모르는 사람이 없게 되었다.

사람들의 얼굴에 미소가 번져가기 시작했다. 아기의 엄마도 미소를 지었고, 창구직원도 마찬가지였다. 하지만 아기의 아빠는 자랑스러워 입꼬리가 귀에 걸릴 지경이었다. 그 젊은 아빠는 비록 가난하지만 그 은행에서 최고로 부자였을 것이다.

왜냐고? 왜냐하면 그의 정체성은 사랑으로 주장되어졌기 때문이다. 아이가 내 아빠라고 주장했을 때, 그는 확연히 달라지지 않았던가!

그 아기가 그랬던 것처럼, 하나님도 우리를 사랑 안에서 주장하실 때 아무런 주저도, 아무런 의심도 없으시다. 그분에게 당신은 "내 딸!" 혹은 "내 아들!"이다. 그런 주장을 듣는 우리는 아기의 아빠가 변했던 것보다 더욱 극적으로 변화할 수 있다.

내 장인어른은 사소한 것들을 냉장고 문에 붙여두신다. 그중에는 장인과 장모님이 여러 해 동안 여행하셨던 장소에서 사 모은 자석 기념품도 있다. 그리고 자녀들이 방학에 보낸 기념품들도 있는데, 딸과 사위인 내가 돌고래와 수영하며 찍은 사진도 있고, 재작년에 적었던 쇼핑목록도 붙어 있다. 그중에 또 손자손녀들의 사진들이 많이 있는데, 색연필로 그린 기린 그림도 있다.

장인은 특별한 이유가 있어서 그 그림을 모아두고 있는 것은 아니라고 하신다. 그냥 붙여두고 떼기를 잊었다는 것이다.

그렇다면 그 그림은 왜 아직까지 거기 걸려있는 것일까? 여섯 명의 손자손녀들은 그동안 수도 없이 많은 그림을 그렸고 셀 수 없이 많은 카드를 보냈었다.

　나는 한 번은 그 화가―내 아들인 알리스터―에게 그 그림의 동물에게 왜 그런 제목을 지어주었냐고 물은 적이 있다. 지금은 군인이 된 알리스터는 4살 때의 자신이 무슨 생각으로 다채롭고 긴 목을 가진 동물에 '기린 하나님'이란 이름을 붙여주었는지 기억을 하지 못했다.

　아마도 하늘에서 온지 얼마 되지 않아 이 세상이 낯설었던 알리스터는 우리 성인들이 잘 잊고 있는 무언가―하나님은 모든 곳에 계시며, 모든 것이 그분의 창조의 일부라는 것―를 느꼈을 것이다.

　어쩌면 내 믿지 않으시는 장인어른도 마찬가지로 그것을 느꼈을지 모를 일이다. 그래서 기린 하나님은 오늘도 여전히 그분의 냉장고에 떡하니 자리를 차지하고 있으리라.

　"이건 하나님 이야기가 아니죠." 딸이 고집을 피웠다. "그건 그냥 … 좋은 일이었어요."

　맨디의 그날은 일진이 별로였다.

　그 아이는 옆 동네로 가려고 버스를 타고 자리에 앉아 목적지에 도착하는 내내 속으로 불평을 하고 있었다. 다음으로 버스에서 내린 맨디는 몸을 돌려 갈 길을 재촉하였다. 마침 그 순간 버스 창문을 날카롭고 다급하게 두드리는 소리를 들었다.

맨디가 고개를 돌려 보니 한 세 살이나 되었을까, 귀여운 금발 머리의 남자 아이가 앞좌석에서 맨디의 관심을 끌려고 애쓰고 있었다. 맨디는 고개를 갸웃하며 소리 없이 입모양만으로 물었다. "왜?" 그 아이는 맨디의 반응을 보고 활짝 웃으며 팔을 크게 흔들어 답했다.

그 순간에 맨디의 기분은 바뀌었다. 맨디는 뒤따라 내린 노인을 보게 되었다. 그 할아버지는 지팡이를 의지하며 걷는 걸음이 위태위태해 보였다.

버스가 떠나고 나자 맨디는 그 노인에게 팔을 내밀고 말했다. "제 팔을 잡으세요." 그 두 사람은 아주 천천히 길을 건넜다. 주차된 자동차들 때문에 길이 좁아져서 두 사람이 한꺼번에 지날 수 없는 곳에 이르자, 노인이 옆으로 비켜서고는 살짝 고개를 숙이며 미소를 띠고 맨디에게 먼저 지나가라고 했다. "숙녀분, 먼저 가시지요."

그들은 각자의 길로 헤어졌지만 두 사람은 서로 상대방에게 도움이 되었다는 마음으로 뿌듯했다.

당신은 이것이 하나님의 이야기가 아니라고 생각하는가? 그렇다면 그 어린 아이를 충동하여 무의식적으로 미소가 필요한 낯선 사람에게 창문을 두드리고 손을 흔들어줄 마음이 생기도록 한 것은 무엇일까? 하나님이 우주를 운행하시고 거대한 기적을 일으키시기 위해 언제나 분주하신 것은 아니시다. 그분은 때로는 우리가 필요할 때에 우리가 필요한 분이 되어주시기도 한다.

때로는 그분은 그냥 … 멋지다!

우리는 모두, 그리고 종종 무의식적으로, 예가 되고 그 예를 따른다. 우리가 만약 그런 예들을 좀 더 조심스럽게 선택한다면 우리는 큰 변화를 이룰 수 있을 것이다.

나는 내 대자(godson)를 안전하게 데려다주고 집으로 걸어 돌아오는 중이었다. 한 학부형과 그 어린 아들이 기분 좋게 대화를 나누며 학교를 향해 걸어가고 있었다.

"나 곧 여섯 살이 되는 거죠. 엄마?" 소년이 말했다. 자랑스럽게 엄마가 그렇다고 말했다.

"그렇다면 나도 욕을 해도 되지 않을까요?"

그 말을 들은 그 어머니의 얼굴 표정을 상상해보라!

그 소년의 말이 내 관심을 끈 것은 아니었다. 내가 놀란 것은 그 말을 할 때 그 소년이 품고 있던 완전한 자신감이었다. 그가 믿는 누군가가 그에게 여섯 살이 되면 욕을 해도 된다고 말해주었던 것이 분명했다. 그러니까 엄마에게 자신 있게 동의를 구하지 않았을까?

욕을 해도 된다고 말했던 그 사람이 여섯 살은 더 어린 아이들을 도와주기 시작할 나이라고, 또는 잘 때마다 기도를 할 나이라고, 그도 아니면 하루에 한 가지씩 선행을 할 나이라고 소년에게 말해주었더라면 어떻게 되었을까? 그는 그런 확신을 가졌을 것이고, 세상은 그만큼 더 좋아질 것이다.

자신의 나이에 상관없이, 스스로 좋은 모범이 되어보자. 그리고 기왕에 모범이 되기로 선택한다면, 최고의 모범이 되신 예수님을 떠올려보자.

이 세상은 나쁜 말들은 차고 넘친다. 세상에 필요한 것은 좋은 말들이다. 그러니 말씀을 퍼트리자. 우리의 모범이 다른 사람이 따를 만한 것으로 만들자.

'주어라 그러면 받을 것이라' 라는 표현을 들어본 사람은 많지만 정말로 그 말을 믿는 사람은 얼마나 될까?

나는 믿는다.

내 딸 로즈는 대학에서 자원봉사를 한다. 그 아이가 런던에 살고 있는 아프리카 학생 캐시에 관해 내게 해준 얘기가 있다. 캐시의 선생님들은 캐시가 집에서 맞고 지내는 것 같다는 의심을 했다. 마침내 경찰이 달려왔고 아동폭력의 증거를 잡을 수 있었다. 캐시의 가족은 아이에 대한 양육권을 포기했고, 관계 당국은 캐시가 안전한 곳에서 살 수 있게 주선했다.

안전하기는 했을지 모르지만 로즈가 보기에 캐시는 날마다 더 마르는 것 같았다. 로즈는 잘 먹고 있냐고 여러 번 물었지만, 그 어린 아이는 그때마다 괜찮다고 했다. 하지만 캐시는 로즈의 눈을 제대로 마주보지 못했다.

　로즈는 자신도 용돈이 여의치 않았지만 캐시를 돕고 싶었다. 일정한 간격을 두고 로즈는 '배가 불러서' 다 못 먹겠다고 핑계를 대고는 같이 먹도록 하였다. 로즈는 그 이야기를 슬쩍 지나가듯이 대수롭지 않게 말했다.

　우리 가족의 재정 형편으로 인해 나도 밤잠을 설치는 일이 있었지만, 그래도 나는 먹을 것에 대한 걱정은 하지 않고 있었다. 그렇기에 돕지 않을 수가 없었다. 나는 은행계좌를 확인해보고 그중 20퍼센트를 인출해서 집으로 돌아와 카드에 그 돈을 집어넣었다. 이 돈으로 그 아이의 인생을 바꿔줄 수는 없을지 모르지만 … 조금 도와줄 수만 있다면, 그리고 누군가가 또 조금 도와주고 … 모든 사람이 십시일반으로 도움을 준다면, 변화를 만들 수 있을 것이었다. 하지만 아무도 관심을 가져주지 않는다면 ….

　카드에 나는 이렇게 적었다. 〈하나님이 보내는 사랑의 선물.〉

　우편함은 우리 집 현관에서 걸어서 약 삼 분 거리에 있다. 나는 카드에 손을 얹고 잠깐 기도하고는 제 갈 길로 보냈다.

　내가 우편함에 갔다가 다시 집으로 돌아오는 동안 내게 편지 한 통이 배달되어 있었다. 그 속에는 내가 방금 보낸 금액의 두 배가 적힌 수표가 들어있었다! 그건 2년 전 내가 프리랜서로 일했던 회사에서 온 것이었다. 나는 이미 받을 돈은 다 받았다고 확실히 알고 있었다. 그래서 전화를 해봤더니 그들이 기록을 확인하고는 그 금액이 무엇에 관한 것인지 확실히는 모르지만 내게 줄 금액은 맞다고 우겼다. 그런데 누구와 더 말을 할 것인가?

나는 로즈가 캐시에게 전화해서 돈에 대해서는 염려하지 말라고 전하도록 했다. 그 돈에 대해서는 이미 이자까지 쳐서 받았기 때문이었다.

로즈가 그 일로 인해 감동을 받았던 것은 두말할 필요도 없다. 한동안 시도도 하지 않았던 일을 할 용기를 얻었으니 말이다. 로즈는 2년 동안 직업 훈련을 받았지만, 집 근처에서는 직장을 찾을 수가 없었다. 캐시의 상황이 아직 생생할 때 로즈는 직장을 찾아 전화를 걸었고, 덕분에 근처에서 일할 기회를 얻게 되었다.

여기에 내가 무슨 말을 더 보태랴?

우리 두 사람은 모두 우리가 줄 만한 여유가 되지 않을 때에 주었고 즉시 보답을 받았던 것이다.

이 모든 일은 캐시가 아직 그 돈을 받기도 전에 벌어졌다. 캐시는 자신으로 인해 어떤 일이 벌어졌는지 아무 것도 알지 못한다.

캐시가 하나님이 보내신 선물을 받았을 때 그 아이가 어떤 얼굴을 했는지 궁금하다.

인공파도풀이 있는 수영장에 갔다. 우리는 거기서 가장 깊은 곳으로 들어갔다.

경고 신호가 울리면 밖으로 나가거나 얕은 물가로 나가는 사람들도 있었지만, 에이미와 나는 곧 시작될 스릴에 대한 흥분감에 들떠 물에 떠있었다.

에이미는 그때 14살이었다. 우리는 지난 6년 동안 해마다 이 풀에 왔었다. 그리고 파도가 시작되었고, 정말 재미있었다. 하지만 …

파도가 다시 잠잠해졌을 때 내가 물었다. "파도가 무서울수록 더 재미있지 않니?"

"언제가 더 무서운데요?" 내 질문에 대한 질문이었다.

"왜 있잖아, 네가 더 어렸을 때 파도는 더 커 보였을 거 아냐."

"음, 그렇죠." 내 말의 뜻을 알고 미소를 지으며 말했다. "하지만 나는 한 번도 무섭진 않았어요."

"그건 네가 필요할 때마다 내가 항상 네 곁에 있어서 그런 것일 거야."

아, 그때 나는 알았어야 했다. 내 딸 속에 잠재해 있던 십대가 전면에 나와 있다는 것을.

"나는 한 번도 아빠가 필요한 적이 없었어요!" 그리고는 씩 웃었다.

흐음! 좋다, 그래 내 딸은 내가 필요한 적이 한 번도 없었구나. 그렇지만 나는 수영장에서 한 번도 팔이 닿지 않는 거리까지 내 딸아

이와 떨어져본 적이 없었다. 에이미는 자주 내 팔에 매달렸고, 내 목을 껴안았으며, 내 손을 붙잡았다. 그 아이가 물벼락을 맞을 때마다 나는 그 아이가 물에 빠지기 전에 늘 그 자리에 있었다. 아니, 그런데도 그 녀석은 내가 필요한 적이 없었단다. 나도 내가 꼭 필요하진 않았을 것이라 생각한다. 하지만 파도가 올 때 풀의 가장 깊은 곳에 있으면, 그것도 저 혼자 있을 때 아버지란 사람이 책에 코를 박고 저 멀리 의자에서 한가롭게 책을 읽고 있었다면 조금은 무서웠을지도 모르지 않는가!

내가 딸을 아기 대하듯 과잉보호한 것은 아니다. 에이미는 인생에서 어려운 고비를 맞기도 했다. 하지만 현자의 말을 약간 빌리자면 간단히 그 자리에 있어주는 것만으로도 적절한 때에 손을 내밀어서 내 딸이 내가 필요한 적이 없었다고 느끼게 해준 것이다. 왜냐하면 나는 항상 그곳에 있었으니까.

에이미의 그 말로 내가 상심했을까? 실은 그렇지 않았다. 왜냐하면 나는 십대들은 종종 그런 바보 같은 말을 하려는 충동이 일고 있다는 것을 알기 때문이며 … 그리고 그 아이가 나를 얼마나 사랑하는지 잘 알기 때문이다. 한편으로 그렇기 때문에 사춘기 아이들이 더 사랑스러우니까.

하지만 이 일로 인해 나는 언제나, 문제가 있을 때나 없을 때나 내 곁에 계셔주시는 그분의 심경을 좀 더 헤아리고 공감하게 되었다.

그분은 나에게 손을 내밀고, 인도하며, 나를 절대 떠난 적이 없으셨다. 내가 아무리 웃으며, "나는 한 번도 당신이 필요했던 적이 없었어요."라거나, 심지어는 "나는 당신이 계시는지 자신이 없어도!"라고 할 때에도 말이다.

죄송해요, 하나님. 그리고 나는 당신이 내 말에 크게 마음 쓰지 마시기를 바래요. 당신도 내가 얼마나 당신을 사랑하는지—내 입에서 튀어나오는 바보 같은 말에도 불구하고— 아시잖아요.

인생의 파도가 나를 높이 들어 올렸다가 깊고 깊은 바닥으로 내동댕이칠 때, 간신히 흐름을 탔을 때, 또는 파도에 휩쓸렸을 때, 이제 나는 에이미가 인정하지 않았던—아직은— 그것을 이해한다.

나는 언제나 당신이 필요했습니다!

15살 된 아들 조쉬와 부자간의 끈끈한 정을 느꼈던 사건이 있었다. "우리, 자라를 위해 집을 만들어 주면 어떨까?" 내가 제안했다.

어린 콜리(개의 종류로 '돌아온 래시'로 유명해진 체구가 크고 털이 아름답다-역주)는 가능하면 실내에 있는 것을 좋아하지만 가끔 우리는 정원에 두기도 하기 때문에 개가 들어가 있을 곳을 만들어주면 좋겠다고 생각했던 것이다. 게다가 나무를 톱으로 자르고 못질을 하는 것은 남자들이 완전 재미를 느끼기에 좋은 일이었다. 나는 조시에게 그런 개집을 지을 계획을 짜보라고 했다.

솔직히 말하자면 나는 이미 내 마음대로 지을 계획을 다 세워 놓고 있었다. 그래서 조쉬가 줄자를 달라고 했을 때에 나는 그게 왜 필요하냐고 물었던 것이다. 그는 말했다. "자라 크기를 재보려고요."

음… 그건 바보 같은 생각이었을까? 아니면 누가 생각해도 당연한 것일까? 나는 개집을 짓기 위해 그 집을 사용할 개의 크기를 잰다는 생각은 전혀 하지 못했었다!

하지만 하나님이시라면 조쉬의 방법을 택하실 것이라는 생각을 하지 않을 수 없었다. 물론, 그분은 우리를 창조하시기에 앞서 세상을 먼저 만드셨다. 하지만 하나님은 이미 우리의 크기와 모양과 필요를 알고 계셨다.

하나님은 할 수 있는 한 최선의 방식으로 당신이 세상에 맞추기를 요구하지 않으셨다. 그분은 이 세상을 당신을 위해 만드셨다. 그 생각을 마음에 품고 밖으로 나가 한번 실험해보라. 세상이 얼마나 당신에게 깔맞춤으로 만들어져 있는지를!

조쉬와 내가 다시 개집 작업으로 돌아가게 되면, 이제 나는 그 집을 사용할 주인공이 누구일지를 염두에 둘 것이다.

당신이 태어나서 처음으로 한 말은 무엇이었을까? 대부분의 경우 그것은 "아빠"나 "엄마"이지 않았을까? 그러나 아들 조쉬의 첫 단어는 "차"였다. 그리고 차는 그 이후로 그의 온 마음을 사로잡는 열정의 메이커가 되었다.

조쉬는 자동차와 장난감 자동차의 포스터를 가지고 있으며, 지나가는 차 중에 다소 평범하지 않은 자동차가 지나가면 길을 멈추고 눈을 떼지 않고-입을 벌린 채로- 보이지 않을 때까지 지켜본다. 그 아이가 커서 자동차와 관계된 일을 하게 되어도 아무도 놀랄 사람이 없을 것이다.

그런데 나는 어떤 어린 소녀가 처음으로 배운 말이 "감사합니다"라는 말을 들었다. 아장거리는 걸음을 걷는 그 소녀는 장난감을 집어 들고도, "감사합니다"라고 하고, 고양이를 쓰다듬으면서도 "감사합니다" 하고, 햇빛을 받으며 뜰에서 놀면서도 계속해서 혼자말로, "감사합니다 … 감사합니다"라고 했단다. 아마 하나님에게서 온지 얼마 되지 않아 이 새로운 세상에 오게 되어서 그리고 그 세상이 담고 있는 모든 것으로 인해 하나님께 감사하다는 말을 하는 것일지도 모르겠다.

만약 이 어린 소녀의 첫 단어가 조쉬와 같이 그 아이의 일생에 많은 영향을 끼치게 되면 어떨까 생각해본다. 그 소녀는 자라서 어른이 되어도 감사가 많은 사람이 되지 않을까? 당연하지 않은가!

현실을 바로 보자. 세계적으로 보면 우리는 감사할 것을 참으로 많이 가진 사람들이다. 그 소녀의 첫 말은 또 훌륭한 마지막 말이 될 수도 있을 것이다. 그리고 그 말은 처음과 마지막 그 사이의 하루하루에 사용되어도 좋다.

13세기의 도미니코 수도사였던 마이스터 에크하르트는 이렇게 말했다. "만약 당신이 일생토록 해야 할 유일한 기도가 '감사합니다'가 되면 충분할 것이다."

5살이 된 조카딸이 가장 아끼는 보물은 공작의 깃털이다.

그 아이는 그 깃털을 가족 여행으로 시골에 갔을 때에 풀밭에서 발견했다. 로렌이라는 그 아이는 공작새 자체는 무서워했다. 덩치가 큰 그 새들의 소리도 무서웠고 또 꼬리를 쫙 폈을 때도 상당히 위압감을 느꼈던 것 같았다. 하지만 그 하나 놀랍게 복잡한 무늬의 깃털처럼 아름다운 것은 보지 못했던 것이다.

며칠 후, 로렌의 아빠는 그 아이가 아직도 그 깃털을 소중하게 가지고 다닌다고 말해주었다. 하지만 로렌은 그 반면 또 뭔가에 대해 걱정하기 시작했다.

"이 털이 빠질 때 아프지 않았을까요?" 마침내 걱정을 아빠에게 털어놓았다.

로렌의 아빠는 그렇지 않았을 것이라고, 공작들의 깃털은 수시로 빠지기 때문에 아마 깃털이 빠졌다는 의식도 하지 못할 거라고 설명해서 안심시켜주었다.

그러고 나서 그는 자신이 한 말에 대해 생각했다.

"그게 바로 인생을 사는 방법이 아닌가?" 그가 나에게 물었다.

"다른 사람이 즐길 수 있도록 아름다움을 내 뒤에 남기며 사는 것 말일세. 그 일을 워낙 자주 그리고 자연스럽게 하니까 자신도 알아차리지 못할 정도로 사는 것이 참다운 인생 아닐까?"

나는 우리에게 시골의 그 집 주변을 소개시켜준 그 안내인들―꼬리에서부터 지나간 시대의 반짝거리는 단추들에 이르기까지―에 대해 생각했다. 아름다운 생으로 안내하는 최고의 인도자는 오늘날에도 여전히 예수님이시지 않은가.

그렇다면 그분의 인도를 받는 이의 생의 짐은 깃털처럼 가볍지 않을까.

당신의 자녀가 당신을 존경한다고, 모든 지식의 원천이라고 생각해준다면 흐뭇한 일이다. 하지만 그것은 한편으로는 무척 부담이다.

내가 20대일 때에 우리 집 아이들은 내가 아주 나이가 많다고 생각했다. 그리고 내가 살지 않았던 시대가 있을 것이라고는 상상도 하지 못했을 것이다.

스테이시가 1400년대에 대해 역사 숙제를 할 때였다. 그 아이는 내게 그 당시는 실제로 어땠냐고 물었다. 뭐, 내게 그 당시 사진을 보여 달라고 하지 않은 것이 놀랍다고 해야 할려나! 허 참.

게다가 맨디가 나를 더 먼 옛날 고대인으로 만들었던 이야기를 해보겠다.

우리 가족은 잠자리에서 이야기를 읽는 전통이 있다. 스테이시는 조금 더 나이가 많았기 때문에 스스로 책을 읽었지만, 맨디는 나와 함께 읽곤 했다. 내가 그 두 침대 사이 바닥에 앉아 두 아이에게 책을 읽어주면서 내가 그 책 읽기를 다 마치기 전에 모두 잠들기를 바라고 있었다.

그날 밤, 맨디와 나는 한쪽 페이지에는 가축들의 그림이 있고, 그 다음 페이지에 그 동물의 새끼들이 있는 그림책을 읽고 있었다.

그 그림들이 맨디의 생각을 자극했나 보다. 마지막 이야기를 읽고 나자, 작은 목소리로 말했다. "아~빠~?"

"왜 그러니, 얘야."

"아빠는 소가 어린 송아지의 엄마라는 걸 어떻게 알아요?"

"어~" 나는 스테이시를 깨우지 않으려고 속삭였다.

"그게 … 그 엄마도 엄마가 있어요?"

오! 참 좋은 생각을 했구나, 꼬마 아가씨.

"누구나 엄마가 있단다, 맨디야. 그 소의 엄마도 또 엄마소가 있지. 그 엄마도 엄마가 있고, 또 그 엄마소에게도 엄마가 있었고."

작은 머릿속에서 생각의 수레바퀴가 마구 돌아가는 소리가 들릴 지경이었다.

"아~빠~?"

"응?"

"그럼 누가 그 첫 엄마의 엄마였어요?"

두어 가지 질문으로 맨디는 나를 세상의 맨 처음, 창조의 시간으로 데려간 것이었다. 나는 그 아이가 너무나 자랑스러워 거의 하늘로 솟구쳐 올라 공중에 주먹을 날리며 소리를 지르고 싶었다. "예쓰!"

나는 간신히 자신을 억눌렀다.

"하나님이 첫 번째 엄마소를 창조하셨단다, 아가야. 하나님은 모든 첫 엄마들을 창조하셨지." 나는 책장에 책을 올려두고 방을 나가려 했다.

"아~빠~?"

이런, 이 질문을 어디까지 끌고 가려나?

"만약 모든 사람에게 엄마가 있다면 … 하나님에게도 엄마가 있어요?"

"아니, 얘야. 그렇지는 않을 것 같아." 맨디는 나를 호기심에 가득 찬 눈으로 지켜보았다. 그 순간 거기서 끝낼 수 없다는 것을 깨달았다. "그리고 나도 실은 잘 이해하지 못한단다."

나는 내 나이에 대해, 그리고 하나님과 내가 얼마나 멀어져 있는지를 인식했다. 이 어린 아이는 그녀의 창조주에게서 겨우 삼 년 동안 떨어져 있을 뿐이었다. 하지만 나는 하나님이 그 간격에 다리를 놓아 내가 어린 딸에게 최선의 답을 줄 수 있게 해주실 것이라고 믿는다.

"이렇게 해보자." 나는 존경심을 가슴에 담아 조용히 말했다. "얼마간 좀 그에 대해서 생각해봐. 그리고 네가 알아내면 … 내게도 말해줄래?"

맨디는 엄숙하게 고개를 끄덕였다.

"그럴게요, 아빠."

나는 계단을 내려가면서 올라갈 때보다 훨씬 더 겸손해져 있었다. 정말로 중요한 것들에 대해서 내가 가진 지식과 경험이 얼마나 보잘 것 없는지를 알게 된 귀중한 시간이었다.

사실 그런 어려운 질문에 답하기 위해 나는 어린이의 마음가짐이 필요했다.

재택근무를 하다보면 여러 가지 장점이 있다. 그러나 단점도 마찬가지로 많다. 후자 중의 하나가 바로 애를 봐줄 사람이 필요한 경우에 … 그렇다 … 사실 딱히 할 일이 정해진 사람은 아니지 않은가?

그래서 오늘 아침 내가 조카들을 돌보는 일에 낙점이 된 것이다. 6살 케니와 8살 코너는 온몸에 장난기가 가득해서 소파 위를 신나게 뛰어다녔다. 나는 무서운 삼촌이 되어서 얌전하게 앉아 있도록 만들 수 있었다, 아니면 …

나는 부엌에 들어갔다.

개들에게 먹이를 주면서도 나는 거실에서 무슨 일이 벌어지고 있는지 귀를 쫑긋 세웠다. 비명소리가 나를 다시 거실로 끌어낸 것은 그리 오래지 않아서였다.

코너가 케니를 소파에서 밀어 냈고, 케니는 꽝 하고 바닥에 심한 엉덩방아를 찧었다. 코너가 왜 그랬냐고? 그건 케니가 자기 엉덩이를 물었기 때문이란다! 그럼 케니는 왜 형의 엉덩이를 물었냐 하면, 코너가 케니의 얼굴 위에 앉았기 때문이고 … 그렇게 누구 탓을 시작하면 한도 없었다.

내가 그건 바보 같은 짓이라고 할 때마다 즉각 돌아오는 답은 상대방이 먼저 나쁜 짓을 했기 때문이라는 변명이었다.

흠! 이 말을 얼마나 몇 번이나 했는지 기억도 안 나지만, 아무튼 다시 말할 수밖에 없었다. "다른 사람이 나쁜 짓을 했다고 똑같이 나쁜 짓을 할 권리는 없어. 너희는 다른 사람이 착하거나 착하지 않거나 착한 어린이가 되어야 하는 거야. 두 개의 나쁜 짓이 하나의 좋은 일을 만들진 못하니까!"

나는 내가 흘린 사료를 강아지들이 다 깨끗이 해치웠는지를 보려고 다시 부엌으로 갔다. 겨우 그릇에 물을 채워주고 나니 다시 높아진 목소리가 내게 들렸다. 그런데 막 거실에 들어가려는 순간, 코너가 사태를 잡는 말을 듣게 되었다.

"네가 그렇게 하면 우리는 다시 문제가 생기는 거야." 나는 케니가 한 대답은 알아들을 수 없었지만, 다시 코너가 하는 말을 들으니 그 목소리의 억양은 내가 말할 때의 그것과 많이 닮아 있었다.

"케니, 그건 상관이 없어. 생각해봐, 두 가지 나쁜 짓이 하나의 나쁜 일을 만들지 못한다잖아!"

나는 문에 손을 얹고 터져 나오는 웃음을 참느라 애를 써야 했다.

말은 틀렸지만, 무슨 말을 하려는지 그 의도는 좋았다!

코너가 말을 잘못했다는 것을 알아챈 사람은 나뿐이 아니었다. "두 가지 잘못이 하나의 좋은 일을 만들지 못해." 이건 내가 평생 들었던 말이고, 또 그 뜻도 무엇인지 나는 정확히 알고 있었다. 하지만 내가 정말 그 말을 제대로 생각해본 적이 있었던가?

코너와 케니가 아무리 개구쟁이 짓을 해도 내가 그들을 사랑하는 마음이 없어지지 않는 것처럼, 어떠한 죄도 나와 예수님을 갈라놓을 수 없다. 만약 어떤 기적에 의해, 내가 단지 두 가지 죄(코너의 표현을 빌리자면, '잘못')만 있는 인생을 산다면, 주님은 그 죄를 선하게 만드실 것이다. 만약 내가 세 가지, 아니 네 가지 혹은 천문학적인 수의 잘못을 예수님께 가져간대도, 그분은 하나님 아버지의 사랑으로 그것들을 모두 선하게 만드실 것이다!

(재택근무의 장점 중에 내가 미처 깨닫지 못했던 것 중의 하나: 어린 아이들로부터 얻는 교훈!)

페이스북을 뒤지던 딸이 친구의 페이지에 갔다가 새로운 친구맺기를 했다. 그리고는 그 친구의 친구, 또 그 친구의 친구를 찾아가다가 마침내 새로운 경지에 도달했다.

"와, 아빠!" 몇 분이 지난 후 딸이 감탄사를 터트렸다. "페이스북 페이지에 누가 있는지 아빠는 짐작도 못할 걸요!"

"누가 있는데?"

"하나님이요." 아이가 말했다. "하나님이 직접 페이스북 페이지를 관리하고 계셔요!"

가서 보니 정말이었다. 이름: '하나님', 직업: '모든 사물의 창조주', 위치: '모든 곳, 항상.'

"이게 정말 하나님일까요?" 딸이 웃으며 말했다. "아니면 그냥 누가 하나님을 위해서 만들어 놓은 걸까요?"

우리는 몇 분 동안 페이지를 살펴보고 내용을 읽었다.

그러다 딸이 진지한 표정으로 나를 향해 몸을 돌렸다.

"아마 하나님이 직접 만드신 것 같아요, 아빠."

"왜 그렇게 생각하는데?"

"자, 보세요." 아이는 커서를 하나님의 '친구' 목록에 갖다 대었다. "삼백사십만 하고도 육십오 명이 이 페이지에 '좋아요'를 눌렀잖아요."

그렇지만 성경 구절과 운영자의 격려의 말들로 구성된 페이지를 스크롤해서 더 아래로 더 아래로 내려갔다. 하지만 다른 사람들의 글은 찾을 수가 없었다. "아무도 하나님께 얘기하는 사람이 없어요." 아이는 조금 슬픈 목소리였다.

와, 어쩌면 정말 하나님이 하신 일일 수도 있겠네!라는 생각이 들었다.

"어쩌면 우리가 하나님께 말을 걸어야 하는지도 몰라요." 내 사랑스런 딸의 결론이었다.

만약 당신이 가족이 함께 하는 자리에 참석할 정도로 운이 좋은 사람이라면 그들이 얼마나 큰 축복인지 알 것이다. 당신은 좋은(가끔은 인상적인) 음식과 도전적이지만 즐거운 세대 간의 만남, 그리고 필연적으로 터져 나오게 되어 있는 당황스러운 이야기들을 경험할 것이다.

그중 비교적 나이 든 세대(고대인은 아닐지라도)인 나는 어린 세대들을 당황하게 할 이야기들을 상당히 가지고 있다. 물론, 그들도 내게 되갚아주고 싶어 안달이다!

지난 번 나는 우리 아이들과 손자들을 데리고 내 어머니에게 간 적이 있었다. 그들은 할머니의 무릎에 올라가 가장 사랑스런 표정을 지으며, "우리 아빠(혹은 할아버지)가 어렸을 때 어땠는지 말해주세요."라고 했다.

우리 엄마는 그래도 내 위신을 좀 세워주셨어야 한다고 나는 생각하지만, 엄마는 눈을 반짝이신다-그 반짝거림을 보면 나는 가슴이 졸아들고, 아이들은 기대감에 가득 찬다.

한번은 여섯 살 된 아들⁴이 학교에 가기 위해 새로 산 가죽 운동화를 신고 개울에 서 있는 것을 발견했단다. 엄마가 왜 그러고 있냐고 소리를 지르자, 나는 무릎까지 물속에 집어넣고 헤집고 다니면서 그 신발이 정말 방수가 되는지 알아보려 한다고 주장했다고 한다.

또 다른 한번은 엄마한테 야단을 맞은 내가 다른 가족의 뒤를 따라가는 것을 붙잡았단다. 그 가족의 아이들은 네 명이나 되었기에, 나는 한 명쯤은 더 있어도 별로 눈치 채지 못할 것이고, 또 우리 엄마 아빠보다는 그 집 부모님들이 훨씬 더 친절할 것이라고 확신했다고 한다. (지금 생각해보면, 우리 엄마도 그냥 내가 그 집으로 가도록 내버려두고 싶은 유혹이 있었을 것 같다)

이쯤 되면, 우리 아이들은 큰 웃음을 터트리고 나는 거기서 애들이 어떤 힌트를 얻지 않도록 기도할 수밖에 없다.

아이들은 또 내가 친구 몇이서 큰 나무 둥치 4개를 강에 던져두고 뗏목을 만들어 해적놀이를 하느라 한 여름을 다 보낸 이야기도 좋아한다. 실은 내가 수영을 배운 것은 그 다음해였다!

그리고 엄마는 언짢은 표정을 하고는-정말로 기분이 나쁘신 것은 아니어 보였다- 내가 친구들과 하수관을 전화 부스 밑까지 들어 올렸던 사건을 얘기하셨다. 누군가 전화를 거는 소리를 그 관을 통해서 들을 수 있을 거라고 생각했다는 것이다. 우리는 그 사람들이 목소리가 어디에서 오는지 이상하다는 표정을 짓는 모습을 상상하면서 재미있어 했다.

나는 이런 내 어린 시절의 이야기들이 아버지로서의 내 권위를 훼손할 것이라고 걱정했었다. 사실, 그럴 때도 자주 있었다. 한 이십 분 정도는. 하지만 우리 아이들은 그 이야기를 그다지 심각하게 듣지 않았다. 아이들은 그냥 예전에는 아빠도 역시 아이였다는 사실을 알고 즐거워했을 뿐이다.

그러기에 나는 그냥 미소 지으며 (또는 민망해하며) 재미있어하라고 내버려둔다. 내가 화를 낸다면 그 아이들은 더 이상 장난을 치려하지 않을 것이다. 하지만 그것 또한 위선이 아닐까? 나 또한 그런 재미를 좋아한다. 나도 귀여운 모습을 하고 주님의 발꿈치에 앉아–할 수만 있다면– 이렇게 말하고 싶다. "하나님이 저 같았을 때 얘기를 해주세요."

그것 참 좋은 이야기가 될 것 같지 않은가!

거의 한 삼십 년 전, 나는 고향에서 수백 마일이나 떨어진 리버풀에서 인턴 엔지니어를 하고 있었다. 하지만 사는 곳도 편안했고 친구들도 많았으며 주머니에는 돈도 두둑했다.

어느 토요일 오전, 나는 도심의 상가로 가서 뭘 사려고 걸어가고 있었다. 꼭 뭔가가 필요한 것은 없었고 그냥 돈을 쓸 작정이었다.

약 4마일의 거리를 도중에 톡텍스 지역을 지나가게 되었는데, 그 2년 후에 지역의 극심한 빈곤으로 인한 폭동이 일어났었다.

나는 걸어가면서 군것질거리를 사러 작은 가게에 들렀다. 살 것을 고르는데, 남루한 옷차림의 아이가 문을 열고 걸어 들어왔다. 그 아이는 4살 정도 되어 보였지만 별로 깨끗하지 못한 여름 원피스와 샌들을 신고 있었다. 그 아이는 번잡한 길을 왔는데에도 같이 온 어른은 아무도 없었다. 그렇지만 손님으로 정당한 환영을 받지 못해도 전혀 위축되지 않았다.

그 아이는 계산대로 당당하게 걸어가 위로 올려다보면서 손바닥에 50펜스(한화로 돈 천 원정도)를 유리 위에 올려놓았다. 그 아이는 어린 동생의 생일 선물로 테디 베어를 사주려고 돈을 모았다고 자랑스럽게 말했다. 바로 그곳에 있는 그 테디베어를 원했던 것이다!

계산대 뒤에 서 있던 점원은 눈만 굴리며 동료를 쳐다보았다. 그녀는 어린 아가씨에게 그 테디베어는 50펜스 이상이라고 말했다. 그러자 그 아이는 다른 테디를 제안했고 … 그리고 또 다른 것 … 또 다른 것을 제안했다.

이쯤 되자 곁에 있던 나는 초조해졌다. 나는 그 가게에 전시된 테디베어 중 어떤 것도 50센트로 살 수 있는 건 없다는 것을 알고 있었다. 또 그날 써버릴 돈으로 최고로 좋은 인형을 사주는 것도 내게는 큰 일이 아님을 알고 있었다. 하지만 그 어린 소녀가 낯선 사람에게서 돈을 받도록 하는 것이 과연 잘하는 일일까?

이렇게 내가 망설이고 있는 동안 그 아이는 자기 동전을 다시 집어 들고 문으로 향했다. 그러면서 이렇게 얘기할 때 그 목소리에 스민 미소는 조금도 주눅 들지 않았다. "아 그럼요. 그냥 제 것을 줄게요."

그 아이가 가게 문을 나간 뒤에도 내 귀에는 그 아이의 말이 쟁쟁하게 울렸다.

"그냥 제 것을 줄게요." 그 말은 자신의 여러 테디베어 중에서 하나를 동생에게 주겠다는 말로 들리지 않았다. 그 아이는 아마도 자신이 가진 단 하나의 인형을 동생에게 주려고 했던 것이다.

최근 내 아내는 내 생일에 리버풀에서 맛있는 저녁을 사주겠다고 했다. 그날 그 가게를 발견하고 나는 한동안 밖에 서 있었다. 도로에서는 사람들의 물결이 내 곁을 스쳐지나갈 때에 나는 그중 누군가는 동생을 위해 곰인형을 찾던 그 어린 소녀가 아닐까 생각해보았다. 만약, 어떤 우연으로 인해, 그 아이를 찾는다면 … 그 소녀는 어떻게 변해 있을까?

그날을 기억이나 할까?

잘 모르겠다. 하지만 그날의 그 사건이 내게는 엄청난 영향을 미쳤다. "받는 것보다 주는 것이 복되다"라는 말의 진정한 의미를 깨닫게 된 것은 바로 그날이었다.

그런 날들로 인해 인생의 진로가 바뀔 수 있다.

제2장

겨자씨와 같은 것

또 비유를 들어 이르시되
천국은 마치 사람이 자기 밭에 갖다 심은 겨자씨 한 알 같으니.
마태복음 13장 31절

　겨자씨는 작지만 눈에 보이지 않을 정도는 아니다. 겨자씨 비유에서 예수님이 강조하시는 것은 씨앗의 크기가 아니라 그 씨앗이 완전하게 자랄 때에 일어나게 될 일이다.

　겨자 덤불은 사람보다 더 크게, 때로는 그 높이가 거의 3미터에 가까이 자라기도 한다. 하지만 이 정도 크기로 자라는 다른 덤불도 있는데, 왜 굳이 주님은 겨자씨를 예로 드셨을까? 음, 우리 주님이 그것까지 해명은 안 해주셨지만, …

　겨자씨는 사람들의 먹거리로도 유용하고, 덤불도 빨리 자라기 때문에 일단 그것이 뿌리를 내리고 나면 쉽게 제거하기가 어렵고, 또 가혹한 기후에도 잘 견디는 강인함을 가지고 있다.

예수님은 자신을 그런 겨자씨로 언급하시고 잘 자라는 그 덤불을 인간에게 이로우며 세상에서 결코 사라지지 않을—그 모든 폭압적인 탄압에 맞서서— 세상의 교회로 얘기하신 것이 아닐까?

그건 완벽한 비유인 듯 보인다. 제자들은 자신들이 세상에 어떤 변화를 가져올 수 있다고 믿지 않았을 것이다. 하지만 하나님은 그렇게 보잘 것 없는 것에서 변화를 일으키는 데에 전문가이시다. 그분은 작은 빗방울로 거대한 강과 호수를 만드시고 우리 각자가 작은 세포에서 커지게 하시고, 2인치 정도 되는 씨앗을 가지고 그 높이가 90미터가 넘는 큰 키의 거대한 세콰이어 나무로 자라게 하신다.

'보잘 것 없는 것'이 사랑의 행위가 되는 곳이라면 그 결과는 훨씬 더 예측불가해진다. 우리는 종종 우리가 하는 선한 행동의 결과를 보지 못한다. 하지만 기억하자. 하나님은 사랑이시다. 그리고 그분은 보잘 것 없는 것에서 큰 것을 만드신다. 그 두 요인의 혼합은 오직 … 하나님나라이다.

******

내 작문 시간에 들어오는 학생들은 내가 믿음에 관한 글을 쓰고 있다는 것을 알기 때문에 간혹 신앙에 관한 주제를 꺼내는 경우가 있다. 대부분 종교가 없지만 그래도 좋은 친구들이다. 학생들이 나를 놀리는 경우도 있지만 그것들은 애교로 봐줄 수 있는 수준이다. 그들은 내가 어디에 서 있는지 알고, 또 그와 상관없이 나를 좋아한다.

어느 날 하루는 이미 수업을 마쳤는데, 한 여학생이 나를 찾아왔다. 무엇 때문인지, 리타는 죽어가는 자신의 친구에 대해 나에게 말하고 싶어 했다.

"그 애는 그리스도인이에요." 그녀가 이렇게 말을 꺼내자 나는 다음에 무슨 말이 나올지 몰라 잔뜩 긴장하게 되었다. "… 그 애는 인생을 제대로 살았어요. 정말 제대로요. 그렇지만 누구한테도 전도하려고 하지 않아요!"

나는 리타가 무슨 말을 하고 싶은지 확신이 서지 않았지만, 적어도 뭔가 대응을 해줘야 한다는 생각이 들었다. 그래서 용기를 내어 그 친구의 믿음이 그녀에게 위로가 될 것이라고 말해주었다.

리타는 웃었다. "오! 그럼요. 그 친구는 죽으면서도 미소를 짓고 있죠! 그건 확신해요!"

우리는 그 '행복한' 답을 끝으로 헤어졌다. 하지만 나는 가던 길을 멈추고 멀어져가는 리타를 보았다. 그리고 생각했다. 그러면 너는 어떠니, 리타? 만약 네 친구, 다른 사람을 전도하려고 하지 않았던, 인생을 제대로 살았던 그 친구는 미소를 지으며 죽어가고 있는데, 그게 너에게는 어떤 의미가 있는 건데?

다음에 이런 신앙에 관한 대화를 리타와 더 해보아야겠다고 생각했다.

집으로 돌아오는 길에 나는 죽어가는 리타의 친구가 이런 놀라운 말을 읽어보았는지 궁금해졌다. 아씨시의 성 프란시스가 한 말이다. "가서 복음을 전파하라! 필요하다면 언어도 사용하라."

고백컨대, 때로 나는 어떤 일을 지나치게 생각하는 경향이 있다.

기도에 관해서라면 … 글쎄, 나는 기도로 하나님께 뭔가 요구하기가 싫다. 하나님은 이미 내 인생에 대한 전체적인 계획을 세우고 실행하고 계실 테니까. 나는 사랑의 정신에서 어려움에 처한 친구를 위해 하나님께 기도한다. 하지만 그분은 이미 그 모든 것에 대해서도 알고 계시고 상황을 통제하고 계실 것이라고 확신한다. 그러므로 대개 나는 마이스터 에크하르트의 조언을 따른다. "당신이 오직 해야 할 유일한 기도는 '감사합니다'라고 하는 것이다. 그것으로 충분하다."

그래서 나는 늘 감사가 충만하기 때문에 자주 '감사합니다'라고 말한다.

하지만 아내인 줄리는 전혀 반대이다. 그녀는 모든 것을 하나님께

기도로 가져간다. 정말 모든 것을 말이다! 우리가 새 소파를 하나 구입할 때 일이었다. 나는 그 일을 계속 미뤄두고 있었는데, 어느 날 가구점 옆을 지나가게 되었다. 나는 내가 좋은 남편이 될 절호의 기회라고 생각하고는, "우리 들어가서 소파를 한번 알아보면 어떨까?"라고 제안했다. 뭐, 아내의 동의를 구하기 위해서는 두말할 필요도 없었다.

내가 미처 알지 못했던 것은 새 소파를 산다는 의미는 새 카펫, 새 쿠션, 새 커피탁자, 새 커튼, 새 벽지 등등 … 한도 없었다.

나는 벽걸이 평면 TV를 사는 일에는 반대를 했었다. 그리고 새 소파가 방에 어울리지 않는다는 것은 또 옛날 구식 TV를 그대로 봐도 된다는 뜻이었다. 하지만 넓은 벽면에는 벽걸이 TV가 딱이었다!

아아! 다른 것들을 모두 사버린 우리 수중에는 돈이 거의 없었다. 그래도 TV를 질러야 하나?

그날 밤 줄리는 기도를 했다. 나는 아내에게는 아무 말도 하지 않았지만, 하나님이 우리 TV에 관해 이런저런 관심을 쓰실 것이라고는 상상도 할 수 없었다.

다음날 아침 일찍 큰 아들인 알리스터의 전화벨이 울렸다. 그 아이는 평면TV를 파는 매장에서 일하고 있었다. 그가 아침 일찍 근무하러 나갔더니, 상사가 직원들에게 문을 열기 전에 가게에 걸려 있던 큰 평면 TV들을 내리고 새로 교체하도록 지시했다. 예전 것들은

40퍼센트 할인된 가격에 팔 것이라고 했다. 그래서 나에게 전화한 것이었다. 값싼 TV를 사고 싶어 하는 사람이 있느냐고 물었다.

게다가 알리스터는 직원 할인까지 받아서 우리는 결과적으로 반 값에 구매를 하게 되었다!

알리스터는 전에는 그런 행사가 있어도 절대로 직장에서 전화하는 법이 없었다. 오직 이번 TV의 경우만 …, 그리고 그의 엄마가 기도를 한 다음날 아침에만 그랬다.

신학자들은 기도의 성격과 기도하는 법에 대해 수 세기 동안 설왕설래 토론을 거듭하고 있다. 나는 그들의 책들을 연구하면서 성장했다. 그렇지 않았더라면 나는 아내의 조언을 받아 하나님이 우리 삶의 아주 작은 단편들에 관해서도 모두 우리의 이야기를 듣고 싶어 하신다고 믿을 수 있었을 것이다.

아내가 옳았다고 생각하느냐고? 음, 그 증거는 우리 집 거실 벽에 떡하니 고정되어 있다. 그리고 나는 거기에 감사의 기도를 덧붙인다.

자, 이제 내가 여기서 잠시 멈추는 것을 이해해주시라. 내가 제일 좋아하는 프로그램이 이제 막 시작되니까.

내 손바닥보다 작고 일 인치도 안 되는 깊이의 비 웅덩이에 빠져 죽을 수가 있을까? 그건 당신이 나비라면 가능한 일이다.

그 빨간 나비가 실수로 거기 내려앉았는지, 아니면 바람에 쓸려왔던 것인지, 또는 너무 지쳐서 더 날 수 없어진 것인지는 모른다. 하지만 일단 내려오자 혼자 힘으로는 다시 날아오를 수가 없던 게다. 나비의 아름다운 날개는 하늘을 향해 펼쳐져 있었으나 젖어 있었다. 물의 무게, 또는 표면 장력이 작은 날개를 땅에 붙게 만들었고, 그 나비는 지쳐서 차가운 바닥에 있다가 조만간 지나가는 행인의 아무 생각 없는 발걸음에 치여 쉽사리 곧 생명이 끝날 처지였다.

하지만 내가 처음 그 곤충을 보았을 때는 이런 생각이 전혀 들지 않았었다. 나는 양 손에 식료품을 잔뜩 사서 들고 있었고, 옆에는 목줄도 매지 않은 개를 데리고 나와 있었다. 나는 지나가면서 그 나비를 보면서도 그냥 지나쳐서 걸었다.

그러다 걸음을 늦추고 급기야 가던 길을 멈추었다. 도와달라는 희미한 외침이 들렸던 것이다. 내가 하나님의 피조물이라는 믿음이 있다면 우리 모두가, 심지어 나비도 하나님의 피조물이라고 믿어야 한다는 것을 알았다. 만약 내가 예기치 못한 곳에서 도움을 받기를 기대한다면, 나도 때로는 그런 예기치 못한 도움의 손길이 되어야 했다.

분명 나 혼자였다면 장을 보러 가는 길에 이런 깊이 있는 철학적 생각을 하지는 않았을 것이다.

하지만 어떻게 돕는단 말인가? 그 작은 몸체를 함부로 만졌다가는 상하게 만들 것이다. 내가 하는 일이 제대로 될 것인지 확신은 없었지만, 나는 손바닥을 펴고 웅덩이에 손을 내려놓았다.

그때 그 나비가 어떻게 그 방법을 알았는지 지금도 이해할 수 없고 아마 앞으로도 그럴 것이다. 자연의 많은 것들이 잠재적으로 나비에게 위험한 것이기 때문에, 이 빨간 나비가 나는 한 나도 그에게는 또 다른 위험 요인일 수 있었다. 그래도 작은 웅덩이에서 익사할 뻔한 이 가녀린 생명은 나를 향해 몸을 끌고 왔고 젖어서 축 처진 날개도 딸려왔다. 내 손가락 위로 올라올 때 그 발의 움직임에 따라 간질거리는 느낌이 있었으며, 비 웅덩이에서 자유로워진 날개가 흔들리는 것을 보았다.

그것은 내 손가락을 타고 움직여 마침내 손바닥 위로 올라왔다. 거기서 놀라운 일이 벌어졌다. 손바닥에서 올라오는 열기로 그 아름답고 섬세한 날개가 마르는 것이 눈에 보일 정도였다.

식료품과 개를 옆에 두었기 때문에 나는 근처 나뭇가지로 가서 나비가 자신에게 좀 더 익숙한 장소로 옮겨갈 수 있도록 도와주었다.

나는 가던 길을 가면서 이 사건이 그 작은 나비에게는 어떤 경험이었을까 궁금해졌다. 아마 전혀 상상할 수-만약 나비가 상상을 한다면- 없었을 것이다. 그 나비가 내 의도를 알 수는 없었겠지만, 그래도 과감하게 내 손바닥 위로 올라와서 자신의 생명을 구했던 것이다.

내가 우울하고 절망에 빠져 있을 때 그리고 끝이라고 생각될 때, 나는 곧 그 나비가 그랬듯이 그 미지의 세계로 한걸음 옮겨갈 용기가 생기기를 바랄 뿐이다. 나는 내 바로 앞에 계시는 하나님의 도움을 인식할 필요가 없을 정도의 신뢰를 가지기를 바란다. 그리고 그러한 기적들이 일어날 것임을 … 만약 내가 그분의 손바닥에 내 스스로를 올려놓기만 한다면.

당신은 누군가의 굳어진 마음에 실망을 하고 그 사람을 포기해본 경험이 있는지?

우리 집 근처에는 버려진 공터가 있다. 거기에 바람에 날려 온 한 씨앗도 포기라는 단어를 마음속에 읊조리고 있었다. 하지만 감사하게도 씨앗은 그렇게 하지 않았다! 그 공터의 표면은 재와 자갈 그리고 쓰레기와 맥주 캔들로 덮여 있었다. 그 맨 위에는 두 개의 무거운 금속 하수구 뚜껑이 놓여 있었다. 오, 그 씨앗은 정말 포기하고도 남을 것이었다.

하지만 씨앗은 그렇게 하지 않았다. 그것은 서서히 그리고 끈기 있게 뿌리를 내릴 장소를 찾았고 하늘을 향해 뻗어가기 시작했다. 이 작고 부드러운 싹은 표면에 덮여 있는 것들을 옮길 수 있는 희망이 없었으므로 그것들을 피해 주변으로 돌아가며 자라났다. 쇠가 길을 막고 있으면 양쪽으로 돌아가서 그 위에서 서로 다시 만났고, 철

선들은 자라나는 가지들 속으로 빨려 들어갔다.

점차 그 씨앗이 자라난 나무는 하수구 뚜껑을 지면에서 들어올리기 시작했다. 처음에는 불가항력으로 보였던 장애물들이 이제는 그 나무 안에 갇히게 되었다. 이제, 여름이 되어 그 나무에 잎이 무성하자, 쓰레기들은 바람에 따라 흔들리는 녹색의 지붕에 묻혀 보이지 않았다. 자연의 아름다움이 쓰레기를 덮은 것이다.

그것이 바로 사랑이 하는 일이다. 사랑은 토양이 척박하다고, 장애물이 너무 크다고 멈추지 않는다. 사랑은 포기하지 않는다. 그러므로 사랑에 전혀 요동하지 않던 사람들도 결국에는 사랑으로 감싸진다.

결과적으로 장애물은 더 이상 보이지 않는다. 왜냐하면 그것들은 포기할 수 있었으나 그렇게 하지 않았던 사랑에 의해 덮이기 때문이다.

나는 이 책의 출판사처럼 아주 특별한 사람들과 함께 일하는 행운아다. 그 출판사의 본사는 미국에 있고, 나는 영국에서 산다. 함께 프로젝트를 마치면 그들은 나에게 저자용으로 25권의 책을 무상으로 보내준다.

한번은 우리가 남성용 묵상집을 펴냈을 때였다. 나는 그 회사의 직원에게 대서양을 넘어 그 저자용 도서를 보내주느니 더 나은 곳에 사용할 수 있으면 좋겠다는 제안을 했다. 배송비용이 만만찮아 보였고 …, 또 나는 내 책을 25권이나 주변에 나누다보면 내 허영심이 커질까 약간 걱정스런 마음도 있었기 때문이었다.

기쁘게도 나중에 그 묵상집이 다양한 중독으로 괴로워하는 사람들을 위한 보호소에 보내졌다는 말을 들었다. 내가 쓴 그 구절들 중의 한 구절이라도 그 사람들의 삶에 작은 변화라도 만들지 모른다는 생각은 나에게 큰 힘이 되었다.

또 다른 내 책들은 교회 행사에서 상품으로 나누어졌고, 또 어떤 때에는 감옥에 수감된 십대들을 다루는 그룹에 보냈다고 했다. 나도 십대 시절에 책에 푹 빠져 지냈기 때문에 어려운 환경에 처한 청소년에게 그와 비슷한 열정에 불을 붙일 수도 있다는 생각을 하며 즐거웠다. 그리고 어쩌면 하나님에 관한 그 이야기들 중 하나가 어떤 구도자의 마음에 닿을지 누가 알겠는가!

그 회사와 함께 했던 지난 프로젝트는 아버지 됨의 즐거움에 관한 내 생각들을 같은 주제로 된 성경구절들과 함께 배치한 탁상용 달력이었다. 나는 그런 아버지를 위한 달력이 일반적인 조직에서 크게 사용될 것 같지는 않았지만 어쨌든 그런 제안을 했고, 그 다음에는 그만 잊어버리고 있었다.

그런데 구세군의 어떤 사람이 바버(Barbour-이 책의 원출판사)출판사에 연락을 해서 한참 전에 출판된 책의 내용 일부를 사용할 수 있겠냐고 허락을 구해왔다. 그들은 청년 사역을 하고 있는데, 아버지의 책임과 기쁨을 진지하게 받아들이도록 용기를 주려는 목적이라고 했다 … 뉴질랜드에서!

내 친구는 그 전제 허락의 요청의 진위를 확인한 다음, 대신 탁상 달력을 제안했다. 구세군은 환호했다. 구세군 담당자는 달력을 보낼 수 있는 미국의 연락처가 있으며, 또 정기 후원자 한 분이 뉴질랜드로 보내는 배송 비용을 지불할 수 있도록 조치했다. 그곳에 도착한 달력은 구세군이 돕고자 하는 아버지들과 그 자녀들을 위한 프로그램의 일부인 젊은 아빠들에게 배포될 것이었다.

바버출판사의 내 친구가 말했다. "하나님은 정말 놀라운 능력을 가지고 계셔. 작은 선물 하나를 가지고 많은 사람을 축복하시니 말이야." 그녀는 그 축복에 아빠들과 자녀들만 아니라 그들에게 그 메시지를 전하기 위해 도움을 준 다른 사람들도 포함시켰다.

물론 그것이 오병이어와 같은 종류의 기적은 아니지만 그래도 한 아버지라도 달력의 한 문구를 읽고 그 자녀와의 관계가 바뀔 수만 있다면, 그것은 …

당신의 선물이 너무 사소해서 남에게 줄 가치가 없는 것이라고 절대 과소평가하지 말라. 그것을 믿음으로 감싸라―그리고 물러나서 하나님이 하시는 놀라운 일을 경탄하며 바라볼지라.

하나님의 타이밍은 한 번도 나를 실망시킨 적이 없다.

약 일 년 전에 지미와 모레그를 방문했을 때였다. 나는 예전 농부의 생활에 관한 기사를 쓰려고 조사를 하고 있었다. 두 사람은 모두 팔십대였고 대를 이어 농사를 지어온 분들이었다.

나는 그들의 작고 아름다운 시골집에 대한 정보도 많이 얻었지만, 또, 음… 그들을 인간적으로도 사랑하게 되었다. 모레그는 지미가 처음 자신의 친정집 농장에 일하러 왔던 때를 말해 주었다. 지미는 그 당시 14살이었고 자신은 12살이었다고 한다. 그들은 첫눈에 반했다. 그리고 나이가 차자마자 결혼했다. 그들 둘 다 서로 키스도 한 번 해보지 않았던 상태였지만, 그 이후로 그들은 단 하룻밤도 서로 떨어져 있어본 적이 없다고 했다. 그런 사람들을 어떻게 사랑하지 않겠는가?

나는 내 기사를 썼고, 그 기사가 나갔다. 그리고 몇 개월이 지나 나는 모레그가 성탄절에 관해 내게 했던 이야기를 떠올렸다. 그녀의 가족은 시골 아주 촌구석 방 한 칸짜리 작은 집에서 살고 있었다. 성탄절이면 몇 마일이나 떨어진 곳에서 친척들이 산을 넘고 계곡을 건너 왔다. 서로 모인 가족들은 찬송가를 부르고 기도를 하며 서로의 근황을 묻고 풍성한 가족식사를 했다. 아무도 선물에 대해서는 생각하지 않았다. 뭐, 사실 선물을 살만한 돈이 있는 사람은 아무도 없기도 했다!

어느 성탄절, 8살 된 모레그가 인형 카탈로그를 보고 한 아기 인형과 사랑에 빠졌다. 하지만 그녀는 성탄절에 그 인형을 선물로 얻지는 못했다. 대신, 그녀의 아빠는 낡은 사과 상자로 아기 유모차를 만들고 거기다 바퀴를 달아주었고, 그녀의 엄마는 벽돌에 페인트로 얼굴을 그리고, 유아용 담요로 감싸주었다.

모레그는 자신의 벽돌 인형을 얼마나 좋아했던지 아빠표 유모차에 싣고 어디든지 데리고 다녔다. 그녀는 세상에서 가장 만족한 어린 '엄마' 였다.

나는 이 귀여운 이야기를 써서 일요일 신문에 보내고 그것이 실리기를 바랐지만, 그리고서는 잊고 있었다.

마침내 그 이야기가 나갔지만, 나는 그것을 미처 확인하지 못했다. 그 신문이 나가고 나서 한 일주일이 지나 모레그와 연락이 닿았다. 그녀는 지미가 주일 아침에 병원에 실려 갔었고, 자신은 그날 밤 지미가 안정되는 것을 보고 집으로 돌아왔었다는 말을 전했다. … 그녀는 평생 함께 했던 침대 옆에 남편이 없이 어떻게 잠이 들까 걱정했다.

그날 밤, 모레그는 벽난로 옆에서 한동안 신문을 읽었다. 그리고 거기서 그 벽돌 아기 인형에 대한 이야기를 보았다.

"마치 엄마 아빠의 사랑이 그 수십 년의 세월을 지나 나에게 와서 따뜻한 담요로 나를 감싸주는 것 같았어요. 그때 내가 받았던 사랑과 그리고 아직도 내가 사랑을 받고 있다는 것, 그리고 하나님은 절대 나를 혼자 내버려두시지 않는다는 것을 기억했죠. … 나는 아기처럼 잠들 수 있었답니다!"

다음날 모레그는 밝은 마음으로 일찌감치 일어나 꽃을 한 다발 들고 병원에서 수선을 떠는 바람에 지미가 창피할 정도였다고 한다.

며칠 후 지미는 퇴원하여 집으로 돌아올 수 있었고, 모레그는 그의 주변을 떠나지 않으면서 더욱 행복하게 지냈다고 한다.

나는 내가 쓸 생각도 하지 못했던 이야기에 대해 생각하게 되었다. … 그리고 하나님이 어떻게 벽돌과 박스를 사용하여 그것을 80년 후 난로 옆에서 위로가 필요한 사람에게 따뜻한 허그로 바꾸셨는가를 생각했다.

대학교수인 길리안은 재정적으로 어려운 학생들이 많다는 것을 알고 있다. 그래서 그녀는 무료도서 쿠폰을 얻자 그것을 한 학생에게 주어, 그녀가 교과서를 사고 학생의 세 살 어린 아들을 위한 동화책도 한 권 사게 해주었다.

자신의 선물이 어려운 학생에게 축복이 되었다는 사실에 자극을 받은 길리안은 다른 학생들도 도와줄 방법을 찾게 되었다.

그런데 난데없이 교과서를 사는 한 단체에서 연락이 왔다. 출판사들이 길리안에게 추천사를 부탁하면서 감사의 표시로 무료 도서를 많이 보냈다는 것이다. 그 책들을 그녀가 팔 수 있도록 한 것이었다. 그래서 그 돈으로 자신이 알고 있는 형편이 어려운 학생들을 돕는데 길리안은 사용했다.

이후, 누군가 빈곤 학생을 돕는 인터넷 기반의 자선단체에 대해 언급을 했고, 물론 길리안은 그 단체에 가입했다.

그것은 길리안의 인생에서 벌어진 얼마 안 되는 사건이었을 뿐이었다.

"내가 가장 놀란 것은요," 길리안이 말했다. "내가 참여하겠다고 마음을 먹는 순간 모든 것들이 딱딱 거기에 맞춰지는 거예요. 마치 내가 좋은 일을 하겠다고 결심을 하는 순간 우주가 그 일을 위해 돌아가는 것 같아요."

이백여 년 전, 독일 작가 괴테의 말이다. "창조의 모든 면들을 고려하건대, 한 가지 기초적 진리가 있다. 즉 당신이 자신을 명확하게 헌신하는 그 순간, 신의 섭리도 움직이기 시작한다. 모든 종류의 일이 그 일을 돕기 위해 일어난다. 그것들은 그렇지 않았더라면 절대 일어나지 않았을 것이다."

그렇다. … 하나님은 우리가 선한 일을 하겠다고 나서는 순간 이미 반은 나와서 기다리신다는 것이 길리안 교수의 이론이다. 당신도 그러한 시험을 해보고 싶지 않은가?

그 큼지막한 노란 데이지는 뿌리째 뽑혀 던져져 있었다. 그것은 비에 씻긴 도로변에 놓여 있었는데, 아무래도 한 번 이상 발에 밟혔던 것처럼 보였다. 하지만 짙은 노란색은 아직 햇빛을 머금고 있는 듯했다. 여전히 싱싱했고, 완벽하게 자리 잡은 꽃잎의 끝으로 이어지는 섬세하고 부드러운 곡선은 자연스러우면서도 수학적으로 완성된 한 편의 시였다.

하나님의 피조물은 비록 근사한 화병이나 정원에 예쁘게 꽂혀있지 않더라도 나에게는 오직 경탄의 대상일 뿐이다. 심지어 이런 시험의 시기에도 그 데이지는 내가 가던 길을 멈출 정도로 아름다웠다.

나는 그런 작은 꽃과 같은 사람들을 여럿 아는 복을 받았다. 그들의 삶은 때로는 낭비되거나 어려운 시기를 만나서 변화되기도 했고, 어떤 이들의 삶은 결코 원하지 않던 상황에 내몰리기도 했지만, 여전히 빛이 나는 사람들이다.

세상은 당신에게도 그런 일을 할 수 있다. 세상은 당신이 비를 맞으며 길 위에 버려지게 만들 수도 있지만, 당신이 훌륭한 피조물이라는 사실을 지울 수는 없다. 상처와 심리적 상흔, 거처할 가정이 없음, … 이런 끔찍한 일도 당신 옆에 가면 사소한 것으로 소멸될 것이다.

당신은 하나님의 자녀이다. 당신이 바로 창조의 목적이며, 꽃들이 피어나는 이유이다. 당신이 해야 할 일은 오직 그 사실을 기억하는 것이다.

빗속에 버려지고 짓밟힌 꽃이 여전히 누군가의 발걸음을 멈추게 하고 경탄하게 만들 정도로 아름다울 수 있다면, 당신이 비록 크게 부러지고 상처 입었을지라도 얼마나 아름답겠는가?

내가 런던에서 일할 때, 나를 '꽃'이라고 부르던 동료 아가씨가 있었다. 물론 고마운 마음씨이긴 하지만, 그래도 이렇게 덩치가 크고 터프한 스코틀랜드 남자에게 그 별명은 사실 남사스러웠다.

내가 그녀를 마지막으로 본지 25년이 지난 어느 날 아침, 그 아가씨를 생각하게 되었다. 나는 화원을 지나쳐 걸어가다가 누군가 그중 한 꽃나무 하나를 뿌리째 뽑아 길가에 버려둔 것을 보았다. 잎은 시들고 꽃잎은 색이 죽어가고 있었다. 그 뿌리는 아직도 자라고 있던 화분 모양을 그대로 유지하고 있었다.

나는 그냥 지나쳐 가다가 … 되돌아갔다.

그 꽃나무를 집어 들고 그것이 심겨져 있던 흙의 구멍을 찾아 화원 주변을 돌아보았다. 원래 자리를 찾을 수가 없어 빽빽하게 심겨진 꽃나무들 사이에 공간을 내어 그 사이에 떨어져 나갔던 형제 꽃나무를 넣어주었다. 다른 꽃나무들의 잎이 그 뿌리가 흙에 제대로 자리 잡을 동안 잘 붙잡아줄 터였다. 나는 하늘을 올려다보았다. 비가 그리 멀지 않아 보였다.

그 작은 꽃나무가 살아나기 위해서는 낯선 사람들의 친절, 하늘의 섭리, 그리고 그 주변 동료의 지원과 힘에 의지해야할 필요가 있다.

나는 내가 그 꽃나무와 많이 닮았음을 깨달았다.

그리고 그러한 비교가 나를 필연적으로 하나의 결론에 도달하게 했다. 내가 이런 말을 할 줄은 전에는 생각도 못했었다. "좋아요. 나를 '꽃' 이라 불러도 좋아요."

영국 유명 브랜드숍이 문을 닫기 전 몇 주 만에 그 회사의 재고는 엄청나게 할인된 가격으로 팔리고 있었다. 진열대에 있는 물건을 다 팔고, 심지어는 진열대조차 판매 대상이었다.

DVD며, 전자제품들은 가장 먼저 팔려나갔다. 많은 어린이들의 입을 즐겁게 한 과자류도 마찬가지로 그다지 오래 남아있지 않았다. 하지만 어린이들의 옷-여름옷과 학교 교복들-은 할인에, 할인을 거듭해도 여전히 걸려 있었다.

내 의붓딸인 니콜라는 루마니아 고아원에서 자원봉사를 하고 있었기 때문에 나는 많은 고아원에서 어린이옷을 얼마나 원하는지 잘 알고 있었다.

나는 아내에게 비록 우리 형편이 넉넉지 않지만 가능한대로 이 할인된 옷들을 사서 루마니아로 보내면 어떻겠냐고 물었다. 감사하게도 아내는 동의했고, 곧 우리는 한 무더기의 옷을 사게 되었다.

나는 그 상점의 직원에게 다 필지 못한 옷을 우리에게 줄 수 없냐고 물어볼 생각이었으나, 망하는 회사 사람들이 자신의 물건을 거저 주게 할 것 같지는 않았다. 물론 사실대로 말하면 결국은 그렇게 될 형편이었지만 말이다.

하지만 얼마 지나지 않아 니콜라가 그 상점에 갔던 자신의 경험을 말해주었다. 피터라고 하는 니콜라의 친구이자 영적 여행의 인도자가 그 상점 담당자에게 연락을 하여 내가 하려고 했던 바로 그 요청을 했던 것이다.

니콜라와 피터는 그 담당자에게 사정을 설명했고, 그리하여 쇼핑백 24개에 가득 옷을 담아올 수 있었다. 피터는 그 가격이 얼마인지 물었고, 그 담당자는 그냥 무상으로 가져가라고 했다.

그래서 피터는 이제는 곧 실업자가 될 그 상점의 점원들에게 작별의 회식을 하느냐고 물었다. 그 담당자는 자신의 상사들은 그런 배려는 해주지 않았다고 하면서, 그래도 자신들끼리 그런 비슷한 자리를 마련해보려 한다고 대답했다. 피터는 음료라도 살 수 있도록 50파운드를 그녀에게 주었다.

그 회사가 망하고 난 다음 아마도 사람들이 서로 자기 살길만 찾아가는 안 좋은 모습을 보았던 그 담당자는 그런 소박한 친절에도 거의 눈물이 글썽했다. 그녀 자신의 친절로 많은 어린이들이 따뜻한

겨울을 나는데 도움을 받을 것이었다. 그녀가 위에서 공식적으로 그렇게 옷을 다 주도록 허락을 받았을 것이라고 생각하지는 않는다. 자신이 일하던 세상이 무너져 가고 있는 그때, 그녀는 그 일을 했고, 피터와 니콜라의 도움으로 어려운 상황에서 조금이라도 가슴 따뜻한 일을 만들어 낼 수 있었다.

피터와 니콜라는 루마니아 어린이를 도우며—동시에 그 담당자의 하루를 살려내고— 나에게 귀중한 교훈을 주었다. 즉 내가 선한 일을 하려고 할 때 절대 억지로 하지 말라는 것이다. 사랑과 친절은 이미 풍성하게 존재한다. 그것들은 단지 자신들을 주장해줄 용기를 가진 사람을 기다리고 있는 것이다.

확신과 열정을 가지고 하나님께 걸어가라—

그러면 주님은 당신을 맞이하기 위해 뛰어오실 것이다!

제3장

누룩과 같은 것

또 비유로 말씀하시되 천국은 마치 여자가 가루 서 말 속에 갖다 넣어
전부 부풀게 한 누룩과 같으니라.
마태복음 13장 33절

 겨자씨의 비유에서와 같이 누룩의 비유도 작은 것에서 큰 것을 만
드시는 하나님에 대해 알려준다. 이 이야기에서 한 여자가 가루 서
말 속에 누룩을 섞는다. 그 정도면 빵으로 구웠을 때 약 100명의 사
람들이 먹을 수 있는 양으로 추산된다. 어쩌면 그 여자는 큰 잔치를
준비하고 있었는지도 모르겠다.

 이름이 알려지지 않은 그 여인은 자신의 시장기를 해결하거나 자
신의 입을 즐겁게 하기 위해서가 아니라 잔치에 올 사람들을 생각해

서 가루에 누룩이라는 재료를 더하였을 것이다.

고맙게도 그녀와 같은 사람들이 드물지 않다. 신문이나 방송에서 뭐라고 하건 간에 실은 우리는 자신에게 아무런 이익이 없어도 다른 사람을 도와주는 사람들과 전혀 만날 일도 없는 사람들을 위해 사회를 개선해 보기 위해 애쓰는 사람들로 둘러싸여 있다.

어떤 사람들은 하나님을 기쁘게 하려고 그러한 일들을 하지만, 어떤 사람들은 어떤 공도 돌아오지 않는 일에 자신을 희생했던 과거의 사람들의 도움을 자신이 받고 있다는 인식을 가지고 있기 때문에 그런 일을 하기도 한다.

물론 그 두 가지는 다 연관되어 있다. 하나님은 우리를 날마다 도우신다. 결국 하나님은 그분 자신을 위해 세상과 공기와 물과 음식을 만드신 것이 아니다. 우리를 위해 그리하신 것이다.

하나님에 대한 우리의 감사는 그분의 선하심에 대해 우리가 어떤 대응을 하는가를 보면 알 수 있다. 하나님을 사랑하는 사람은 서로를 사랑한다.

고맙다는 인사를 들을 기대를 하지 않고 자신의 삶에 누룩을 첨가하여, 하나님이 우리를 사랑하셨듯이, 그분의 자녀들인 우리의 형제자매들을 사랑하는 것보다 하나님을 사랑하기에 더 좋은 방법이 어디 있겠는가?

* * * * * *

철로로 가는 그 길은 이쪽 편에서 보면 아주 완만하고 가로수가 서 있는 아름다운 풍광을 자랑한다. 비가 왔지만 우리는 크게 괘념하지 않았다. 그냥 옷의 칼라를 세웠을 뿐이었다. 나는 임무를 수행 중이었고, 피트가 나와 동행하고 있었다.

하지만 반대편은 50개의 가파른 콘크리트 계단으로 만들어져 부지런히 올라가고 내려가야 했다. 우리가 이미 그 계단을 다 올라 한숨 돌리며 아래를 보았을 때 양 손에 각각 3, 4개의 손가방을 든 여자가 보였다. 그녀의 어깨는 축 늘어졌고, 머리는 비에 젖어 납작했다. 아무 생각도 하고 싶지 않은 듯한 그녀의 표정은 쉽지 않은 인생살이를 말해주었다.

"이런, 정말 '불행'이라는 타이틀을 달아도 아깝지 않은 그림이군." 나는 동정을 섞어 중얼거렸다.

피트는 나와 그녀를 번갈아 흘낏 쳐다보았다.

"나중에 만나." 그러고는 갑자기 계단을 총총 내려가는 것이 아닌가?

나는 예상치 않은 그의 행동에 다음 순간을 지켜보게 되었다. 몇 마디의 간단한 대화와 미소가 오간 뒤 피트는 그 여자의 가방을 들고 있었다. 나는 그가, "괜찮습니다. 어차피 같은 방향인데요, 뭐."

라고 하는 소리를 들었다. 놀란 여자의 얼굴에는 마치 구름 속에서 햇살이 비치듯 미소가 떠올랐다.

그 두 사람이 나를 스쳐가게 되자, 피트는 나를 다시 흘낏 쳐다보며 작은 소리로 물었다. "지금은 어떤 그림이야?"

나는 그만 그 자리에 섰다. 나는 방금 '서로 사랑하라' 는 주님의 명령에 대한 순종을 목격한 것이었다. 그것은 잘 이해해야 하거나 무시해도 좋은 추상적인 개념이 아니었다. 그것은 우리 각자를 통한 그리고 서로를 위한 행동 안에 계신 하나님이다.

피트, 그 그림이 어땠을까? 음, 때로는 작은 사랑이야말로 평범한 낙서를 걸작으로 만들기에 필요한 모든 것이 아닐까.

우리 교회의 강대상에 오르려면 일반 크기의 계단 두 개와 작은 계단 하나를 올라가야 한다.

젊고 건강할 때에는 아무 것도 아닌 것 같아 보이는 계단도 한창때의 원기 왕성함을 지나고 나면 다소 힘들게 느껴질 수 있다. 게다가 우리 교인들 중의 몇 사람은 시력이 전과 같지 못해서 그 작은 계단조차 어렵게 느껴지기도 한다.

그중의 한 여자 성도는 언제나 자신이 매주 성찬식을 제일 먼저 받으려고 나온다. 그리고는 자리로 돌아가지 않고 그 계단 앞에 서서 계단을 올라갔다 내려오는 데에 도움이 필요한 사람을 살짝 부축

해준다.

이 사랑스런 여인이 언젠가 한두 번 어딘가에 가게 되어서 빠진 적이 있었다. 아내는 내가 그 자리를 채우면 어떠냐고 제안했다. 처음에는 내가 그럴 자격이 있을까 망설였지만, 알고 보니 그것은 어떤 공식적인 일이거나 누가 그녀에게 위임해준 일이 아니었다. 그녀는 그냥 친절을 베풀었던 것이다. 그래서 나는 그녀가 그 자리에 없을 때면 당연히 그 일을 맡기로 했다.

서로 다른 두 교회의 교인들이 우리 교회로 와서 연합 예배를 드린 어느 일요일이 기억난다. 다들 분주한 가운데 나는 '계단 도우미'를 하겠다고 자청했다.

사실 도움이 필요한 사람이 누구일지 모를 때에는 도와주는 일도 참 무색하게 느껴질 때가 있다. 도움이 필요해도 도움을 받고 싶어 하지 않는 독립심 강한 이들도 있게 마련이니까. 그런데 성도들은 자신이 도움이 필요하거나 필요 없거나 간에 즐거이 자신의 손을 내어주었다.

한 여자 성도(그녀를 캐롤린이라고 하자)는 지팡이 두 개를 짚고 서야 천천히 그리고 힘들게 걸을 수 있었다. 그런 그녀에게 계단은 산처럼 느껴졌다. 그녀는 자신의 자리에 앉아서도 성찬을 받을 수 있었지만, 그래도 앞에 나오려고 노력을 하는 것이 더 값지다고 생각했다.

지팡이에 온몸을 의지한 상태라 그녀의 손을 잡아주는 것조차 어

려웠다. 그녀가 걸음에 집중하고 있을 때 그녀의 팔을 잡다가는 잘
못하면 금방 균형을 잃어버리고 넘어지기 쉽겠다고 판단했다.

나는 그저 그녀의 옆에 서서 잘 지켜보기만 했다. 그리고 그녀가
안전하게 도착할 때마다 귀에 대고 속삭여주었다. "잘 하셨습니다.
오늘도 작은 승리를 거두셨네요."

예배를 마친 후 차를 마실 때 다른 성도가 캐롤린이 내가 계단에
서 도와주는 것을 얼마나 고마워하는지 모른다고 전해주었다. 나는
그렇지 않다고 생각했다. "하지만 저는 아무 것도 하지 않았는데요.
손도 대지 않았어요."

"맞아요." 내 친구가 미소를 지었다. "그래도 그녀는 자신이 넘어
지면 당신이 잡아줄 것이라는 걸 알기에 마음이 놓였대요."

와! 내가 그런 칭찬을 받아본 적이 언제인지 기억도 할 수 없다.
하지만 교회란 원래 그런 곳—서로가 넘어지지 않도록 도와주는 믿
는 자들의 공동체—이어야 하지 않는가?

그러면 당신은 예기치 못한 장애물로 가득한 세상에 발을 내디딜
때, 비록 하나님이 당신의 팔을 잡고 계신다고 느끼지 않아도, 만약
그분과 함께 걷는다면, 그렇다면 … 그분은 당신이 넘어지도록 그냥
두시지 않을 것이라는 걸 알아야 한다.

우리는 누구나 슈퍼마켓에 가면 계산대의 어느 줄이 가장 짧은지

눈 요량을 한다. 기다리는 걸 좋아하는 사람은 아무도 없으니까. 내가 간 계산대에는 한 노인만 있었다. 그의 바구니에는 달랑 두 개의 물건만 들어 있었다. 잘 됐다. 금방 끝나겠군.

하지만 계산대에 다가서자 계산원이 노인에게 부인이 어떠시냐고 묻는 소리가 들렸다. 나는 아마도 노인의 아내가 병원에 입원했었거나 아직 입원 중일 것이라고 추측했다.

"아," 그는 떨리는 목소리로 어깨를 조금 흔들며 탄성을 올렸다. "생각보다 안 좋다네요." 그 후 대화가 좀 더 이어졌고, 나는 그가 "아내가 원했던 땀띠분가루가 어디 있는지 못 찾겠어요. 아내가 좋아하는 상표를 찾아야 하는데." 하는 말을 들었는데, 이 잘 차려 입은 노신사는 아예 이제는 울먹이고 있었다.

나는 초조한 마음을 누르고 생각했다. 그는 이런 곳에서 제대로 장을 봐 본 적이 없었을 것이다. 그가 살던 시대의 남편은 아내가 필요한 물건을 사도록 돈을 버는 일에만 집중했다. 그런데 이제 그는 이 거대한 창고 같은 슈퍼마켓에서 땀띠분가루를 사야 하는 임무를 받았던 것이다. 그것도 일반적인 땀띠분이 아니라 아내가 특별히 원하는 것을 찾아야 했다.

나는 아내를 사랑하는 남편이 아내의 마지막 가는 길에 원하는 일을 해주기 위해 애쓰는 안타까운 모습을 머릿속에서 상상했다. 그는 아내를 실망시키기 싫었던 것이다.

계산원도 마찬가지로 생각했던 것이 틀림없었다. 그녀는 주변을 살펴보더니 황급히 계산대에서 나왔다. 나에게 미안하다고 하면서 조금 기다려달라고 했다. 그리고는 그 노인의 팔을 잡고 그 가루분을 찾으러 갔다.

나는 다른 계산대로 갈 수도 있었지만, 다음에 벌어질 일이 궁금해서 그냥 기다리기로 했다. 그래서 잠깐 딴 사람이 그 계산대의 현금통을 지키러 나왔다. 마침내 담당 계산원은 노인이 원하던 가루분을 찾아서 계산을 마치고는 어르신의 아내를 위한 기도를 하겠다는 위로의 말을 끝으로 그를 보냈다.

이쯤 되자 내 가슴은 훈훈해졌다. 병원에 있던 그의 아내가 어떤 상태였을지 모르지만, 실망할 일은 없었을 것이다. 남편이 원하던 바로 그 가루분을 주었을 테니까.

그 노인을 보내고 나서야 계산원은 나에게 몸을 돌리며 말했다. "죄송해요. 많이 기다리셨죠. 위에서 제가 이렇게 했다는 걸 알면 잘릴 거예요. 계산대를 절대로 떠나면 안 되거든요. 그렇지만 … 아무튼 죄송합니다."

나는 괜찮다고 거듭 말했다. 그리고 이상하게 들릴지도 모르지만, "제가 영광입니다."라고 말했다. 그녀는 이해가 안 된다는 표정을 지었지만 그래도 좋아하는 표정이었다.

밖으로 나가는 길에 나는 매니저를 찾았다. 나는 그녀가 계산대를 떠났다는 말을 하지 않았지만, 그녀를 지목하고 내가 그에게서 참으로 좋은 인상을 받았다고 말해 주었다. 나는 그녀가 칭찬이나 혹은 월급 인상, … 뭐 그런 종류의 보답을 받을 만하다고 말했다.

누구에게도 나는 내가 왜 그 사건을 목격한 것이 그토록 감격스러웠는지 설명하지 않았다.

하지만 이 자리를 빌어서 밝히려 한다.

하나님이 일하시는 장면을 목격하고 있을 때에는 아무리 기다려도 그건 항상 영광스럽지 않을까!

당신이 사는 동네에도 민들레가 있을 것이다. 어디에서나 흔히 피는 민들레는 작고 어여쁘다. 그것의 생명력은 끈질기며 어디에나 잘 번식한다. 그 작고 노란 꽃이 어느 해 잔디밭에 피어나면 다음 해에는 잔디를 다시 깔아야 할 정도이다.

내가 왜 잡초에 대해 말하고 있냐고? 그건 …

내 아내는 오래된 코팅 카드와 성경 구절이나 영적인 메시지를 담고 있는 책갈피들을 모은다. 친구들에게서 받은 것도 있고, 가족들이 준 것도 있다. 그중에 몇 개는 성경에서 좋아하는 구절을 표시하기 위해 꽂아두고, 또 어떤 것들은 일기장에 고이 모셔둔다. 어느 날 아내는 나를 만나기로 한 커피숍에 오려고 버스를 타러 서둘러 걷고 있었다. 길은 마침 두 주요 도로가 교차하는 곳이라 번잡한 사거리를 건너야 했다.

　반쯤이나 건넜을까? 아내는 어깨에 멨던 핸드백이 활짝 열린 것을 깨달았다. 일기장이 바닥에 떨어지면서 사이에 꽂혀 있던 작은 카드들이 아스팔트 위로 사방으로 흩어졌다. 아내는 일기장만 간신히 주워 **빵빵**거리는 차들을 향해 고개를 숙이고 안전하게 반대편으로 건너올 수 있었다.

　아내는 커피를 마시면서 내게 그 이야기를 했다. 나는 그 카드들을 모을 수 있을까, 아내에게 물어보았다. 왜냐하면 그 카드들은 작년에 돌아가신 장모님으로부터 받은 것이라 아내에게는 무척 소중했기 때문이다.

　커피를 다 마신 후 우리는 각자 헤어졌지만, 나는 가는 길에 아내가 카드를 잃어버렸던 그 도로로 가기로 했다. 때마침 비가 쏟아지고 있었기 때문에 행인들은 모두 자신의 목적지를 향해 바삐 가는데 웅덩이와 하수구를 일일이 보아가며 땅을 쳐다보고 다니는 한 사내가 뭐하는 것인지 궁금했을 것이다.

　와, 드디어 하나를 발견했다. 그게 장모님의 카드였기 바랐지만, 안타깝게도 그건 교회 친구가 만들어준 코팅 말씀지였다. 나는 그 도로를 따라 여러 번 왕복하며 버스 정류장이며, 가로 정원이며, 도로, 심지어는 쓰레기통들까지 뒤졌지만, 카드들은 이미 어디에고 없었다.

그런데 뜬금없이 그 상황이 나에게는 노란 민들레를 떠올리게 했다. 그 둘이 무슨 연관이 있을까?

민들레가 만개하면 태양을 닮는다. 그리고 그 꽃이 질 때가 되면 씨앗들이 마치 하얀 솜뭉치처럼 달린다. 하지만 씨앗 뭉치의 목적은 날카로운 바람이 그것들을 강타하여 여기저기로 씨앗을 흩뿌릴 때가 되어서야 성취된다. 그 다음, 적절한 시기가 되면 새로운 장소에서 민들레들이 피어나게 된다.

도로에 날려간 소망과 구원의 말씀이 적힌 그 메시지들은 그 장소에서 그냥 남아있지 않았다. 나는 그곳에서 그중 상당 부분을 지나가던 사람들이 주워갔다는 확신을 하게 되었다.

씨앗이 뿌려졌다. 의심의 여지없이 어떤 것들은 기름진 땅에 떨어져서, 어떤 의문과 생각 그리고 소망에 불꽃을 당길 것이다. 희망하건대, 그 작은 '씨앗들'이 진짜 민들레처럼 강인하기를 바란다. 때가 되어 그 속에서 믿는 자들을 수확할 수도 있지 않을까!

나는 그럴 것이라 생각한다.

친구들을 만나러 가는 길이었다. 잠깐 버스 정류장에 서 있던 나는 갑자기 버스 안에서 책을 읽어야겠다는 생각이 스치자 집으로 다시 가지 않고는 못 배겼다. 다시 집으로 뛰었다. 평소에는 잘 그러지 않던 일이었다. 버스를 기다리는 동안 나는 페이지를 넘겨 내가 읽던 곳을 찾았다. 옛날 책이라 책 귀퉁이를 접어놓고 싶지 않았기에 주머니를 뒤져 책갈피로 쓸 만한 것이 있나 찾아보았다. 내가 가진 것은 10파운드 지폐 두 장뿐이었다. 그래서 그중 하나를 잘 접어서 페이지 사이에 접어놓았다.

버스에 앉은 나는 책을 꺼내 읽기 시작했지만 내 뒤에 있던 젊은 여자가 핸드폰으로 통화하는 소리를 의도치 않게 듣게 되었다. 그녀는 남동생과 얘기하는 중이었다. 그녀는 동생이 어디 있는지 그리고 왜 집에는 들어오지 않고, 엄마에게 또 거짓말을 했는지 묻고 있었다. 한편 나는 궁금했다. 그 동생은 지난 밤 자기 때문에 엄마가 눈물로 밤을 지새운 것을 알고나 있을까?

그녀의 말소리는 잔잔했고, 동생을 야단치는 것도 아니었다. 단지 자신의 생각을 동생에게 전달하려고 했다. 그녀의 실망감의 그 바닥에는 동생에 대한 사랑이 깔려 있음을 나는 알 수 있었다. 그녀는 남동생이 엄마에게 사과하도록 만들기 위해 노력하고 있었지만, 나는 아무래도 그녀가 실패하고 있는 듯한 인상을 받았다.

나는 뒤돌아보지 않았다. 그냥 손에 든 책만 뚫어져라 보았다. 그때 내 눈에 꽂혀있던 10파운드짜리 지폐가 들어왔다.

그녀가 버스에서 내릴 때 나도 따라 내렸다.

"실례하지만,"이라고 말하면서 그녀에게 접근했다. "제 부탁 좀 들어주실래요? 이 돈으로 어머니에게 초콜릿 한 박스나 꽃다발 하나를 사다 드리지 않겠어요? 그리고 어떤 이상한 사람이 세상에서 가장 힘들지만 가장 중요한 일이 엄마가 되는 일이라고 하더라고 전해주세요."

그녀는 뭐라고 해야 할지 몰라 머뭇거리는 것 같았다. 내가 가려고 몸을 돌렸을 때 등 뒤에서 그녀의 나지막한 목소리를 들었다. "정말 따뜻한 분이시네요. 고맙습니다."

나는 걸으며 책에 돈을 꽂아둔 것이 어떤 우연의 일치가 아닐까 생각했다. 내가 책을 가지러 돌아가게 만든 것은 누구였을까? 돈으로 책갈피를 삼았다가 마음을 나눌 수 있게 만든 이는 누구일까? 나는 속으로 생각했다. 그것은 어머니의 마음을 가진 특별한 어떤 분이실 것이라고.

어떤 식으로든 나도 우리 어머니에게 '감사합니다'라고 말하고 싶었다. 하지만 무엇보다 내가 아들로 인해 고생하는 그 어머니의 얼굴에 잠시나마 미소를 떠올리게 했으면 하는 마음이었다.

내가 보지도 못한 그 아들에 대해서는 … 언제가 그가 어머니에게 있어 하나님이 주신 가장 귀한 선물이 무엇인지 그리고 그 어머니의 마음을 아프게 하는 것이 얼마나 부끄러운 일인지 깨닫기를 간절히 바랄 뿐이다.

하와 이래로 엄마들은 자녀들로 고통을 당하고 있다. 하지만 그래도 그들은 여전히 사랑하고 있을 뿐이다. 이 세상에서 어머니의 사랑보다 더 하나님의 사랑에 가까운 사랑이 있을까?

이제 할 이야기는 길에 대한 것이다.

두 줄로 된 뒷마당 사이에는 작은 골목길이 있다. 그 길은 너비는 1미터가 채 되지 못하며 콘크리트로 되어 있다. 거기에 작은 공간이 있는데 양쪽은 자갈돌로 덮여 있다. 아니, 덮여 있었다.

한 이년 전이었다. 세찬 바람이 몰아치던 끝에 그 길을 따라 서 있던 높은 나무 울타리 중 두 부분이 꺾여 무너지고 말았다. 그 집 주인은 울타리를 새로 세우면서 예전 있던 자리 밖에 기둥 구멍을 새로 팠다. 그의 새 경계는 이제 길가의 작은 공터를 감싸게 되었다.

몇 주가 지나 이번에는 두 번째 울타리가 쓰러진 집주인도-아마 첫 집주인의 행동에 자극을 받았을 것이다- 같은 일을 했다.

그 이후 자신의 토지를 12인치 정도 무심결에 확장하고 있던 그 동네의 이웃사람들도 마찬가지로 했다. 이젠 그 작은 도로를 지나가려면 폐쇄공포증이 생길 정도가 되고 말았다.

공사들이 이어지고 난 후 한 73세 된 이웃 노인이 자신이 쓰던 소파를 내다버리려고 수거 업체에 연락을 했다. 그 수거 업체는 뒷문에 소파를 내다 놓으면 가져가겠노라고 했다. 하지만 그들이 와서 골목을 보고는 낡은 소파를 옮기기에는 공간이 충분치 못하다고 판단하고 그냥 내버려두고 가버렸다.

그렇다고 모든 사람이 자신의 땅을 확장한 것은 아니었다. 낡은 울타리를 개수하는 것에는 관심이 없고, 게다가 새 울타리를 세울 마음도 전혀 없는 사람들도 있었다.

하지만 … (아, 내가 인생의 묘미라고 생각하는 것 중의 하나가 바로 언제든지, '그러나!' 가 있다는 점이다.)

자신의 울타리를 늘 있던 그 자리에서 잘 관리하고 있던 한 이웃이 있었다. 그가 어느 날은 삽과 손수레를 가지고 밖으로 나왔다. 그는 깔려 있던 자갈을 걷어내고 그 길이 처음 놓였을 때 길가에 버려져 있던 '딱딱한 물건들' 을 파내어 모두 치웠다. 그 다음 그는 부드러운 흙과 비료를 가져왔다.

거기에 그가 심은 것은 장미였다!

이 이웃은 자신의 집이나 뒷마당에서는 자신이 심은 장미꽃을 즐길 수도 없었다. 길을 지나가던 행인들은 만개한 장미를 보고 지나가던 길을 멈추거나 아니면 그냥 미소를 지었다. 그리고 누군가 그에게 감사를 표현하거나 사람들의 미소를 그가 즐길 수 있는 것도 아니었다. 그렇다면 그는 왜 그런 번거로운 수고를 했을까?

내가 누군가? 궁금한 걸 참지 못하고 그에게 물었다. 그는 하나님이 가장 활짝 미소를 띠우시게 만드는 때가 언제일까 생각했다고 한다. 우리가 당연하다고 생각하며 내 몫을 더 챙길 때? 아니면 우리가 할 수 있는 일이기에 조금 더 돌려줄 때?

우리가 그 길을 지나다니는 유일한 사람은 아니다. 그 길을 따라 몇 개의 장애물을 만나기 때문에 이후에 올 사람들을 위해 길을 더 단단히 만들어야 한다는 뜻이 아니다. 그 대신 "내가 당신보다 앞서 이 길을 지나갔어요. 나에게 작은 웃음을 보여주세요!"라고 말할 수 있도록 장미를 심어보면 어떨까?

이 이야기는 재키가 그 사건이 벌어진지 21년이 지나 내게 해준 것이다.

재키는 미용사였고 만삭인 임신부였다. 그녀는 부른 배를 뒤뚱거릴 때 미용실에서 사람들이 자신에게 보여주는 관심을 은근히 즐겼다.

어느 날은 처음 오신 손님의 머리를 커트하고 있었다. 두 사람은 인생과 임신 … 그 모든 것들에 대해 잡담을 나누었다. 그때 그 여자 손님이 재키에게 엄마가 손뜨개질을 하시냐고 물었다. 그녀는 엄마 가 뜨개질을 하신다면 지금쯤 손자나 손녀의 옷을 짜느라고 분주하 시겠다고 말했다.

재키는 손을 부지런히 놀려 가위질을 하면서, 손뜨개 옷이 좋고, 아기가 할머니가 떠주신 옷을 입으면 좋겠지만, 자신의 엄마는 어렸 을 때 돌아가셔서 지금은 계시지 않는다고 말했다. 게다가 재키 자 신은 뜨개질을 배우지 못했다는 것도 덧붙였다. 그건 엄마가 딸에게 전해주는 일 중의 하나였다. 그래서 아마 자신은 아기에게 가게에서 산 기성품을 사주게 될 것이라고 말했다.

몇 주가 지났다. 재키가 직장에 출근하였더니 직장 상사가 꾸러미 하나를 건네주었다. 전날, 재키가 하루를 쉬는 동안 어떤 여자가 와서 그 꾸러미를 놓고 갔다고 한다. 안에는 정말 예쁜 손뜨개 아기 옷들이 들어있었다.

재키의 어머니는 손녀에게 옷을 떠주지 못했지만, 낯선 사람(전에 만난 적이 없던)이 그 일을 해주었던 것이다.

그렇다면 이 이야기의 결론은 무엇일까? 그 여자는 아줌마의 모습을 한 천사였을까? 아니면 천사의 마음을 가진 아줌마였을까?

하나님은 아시리라. 그리고 하나님은 그 어느 쪽이라도 문제가 되지 않을 것임을 아시리라.

자신이 너무 오래 살았다는 체념 섞인 생각은 유쾌하지 못하다.

아내와 나는 교회가 운영하는 마을 카페에서 나오다가 한 할머니와 얘기를 하게 되었다. 그 할머니는 자신이 너무 오래 살았다고 말하면서 만족스런 식사를 하였다고 했다. 할머니는 나이가 많으니까 친구와 가족들보다 오래 살아 혼자 남았고, 이제는 긴 날들을 혼자서 보내는 때가 대부분이라고 설명했다.

교회가 운영하는 이 카페를 발견했고, 직원과 다른 손님들이 자신에게 말을 걸어주어 카페에 올 때마다 새 친구를 만나고 있다는 것이다. 물론 식사도 아주 싼 값에 해결할 수 있었다. 이 카페에서는 돈을 낼 수 없을 때에도 가서 무료로 식사를 할 수 있었다.

할머니는 카페에 오는 시간을 간절히 기다리게 되었다. 단 한 가지 아쉬움이 있다면 카페가 매일 문을 열지 않는다는 것이었다. 카페의 식사는 하루를 거뜬히 견디게 해주었다. 할머니는 마치 자신의 인생에 새로운 선물을 받는 것 같다고 했다. 할머니와 함께 버스 정류장까지 걸어온 우리는 할머니에게 인사를 하고 몸을 돌렸다. 카페를 운영하는 사람들이 꼭 들어야할 말이었다.

"우리는 그냥 토스트를 만들고 스프를 끓일 뿐인 걸요." 한 집사님이 내가 그 할머니에게서 들은 얘기를 전하자 웃었다.

자신의 시간과 요리 솜씨와, 때로는 약간의 음식을 자원하여 봉사하는 이 카페 운영자들은 사실 그냥 토스트와 스프를 만들어 대접하는 것 이상의 일을 하고 있는 것이다.

하나님의 사랑은 여러 가지로 보여줄 수 있지만, 그중에서도 최고는 따뜻한 음식과 좋은 벗이 되어주는 것이 아닐까!

한 남자는 자신에 대해 상당히 만족했다. 방금 예배를 마치고 나선 그는 해변의 산책로를 따라 어슬렁어슬렁 걸었다. 소금기를 머금은 산들바람과 밝은 햇살이 파도에 부딪쳐 반짝거리면서 그의 만족감을 배가시켜 주었다.

자전거를 타는 사람들이 그를 지나갔다. 이 사람들도 자신의 방식으로 영광된 하루를 즐기는 중이었다. 함께 산책을 나선 가족들도 있었다. 해변에서는 어린이들이 모래를 가지고 놀고 있었고, 개들은 파도를 향해 짖었다.

그때 길을 가던 두 여자가 반대편에서 서둘러 가던 한 남자를 만나 이야기를 시작하는 것을 듣게 되었다.

"빌! 오랜만이네요. 반가워요. 리타는요?"

"오전 내내 교회에 있네요. 아내를 만나러 지금 가는 중이에요."

늘 그 모양이지, 라고 이 장면을 목격한 남자가 생각했다. 안사람은 열심히 교회에서 봉사하는데 남편은 주일 아침에 침대에서 나오는 것도 힘들다니! 쯧쯧, 그렇지 않으면 아마 축구 경기만 보고 있었을 거야.

"글쎄," 빌이 말을 이었다. "나도 교회를 가려고 했는데 내 친구 조지가 … 안타깝게도 그리 오래 갈 것 같지 않아서, 가서 그 친구와 아침을 먹었어요. 걔는 사실 먹지도 못하지만 …"

그때 문제의 그 남자는—당신이 아는 사람인지도 모른다— 이미 멀어졌기 때문에 그들의 대화를 끝까지 다 듣지도 못했고, 다른 사람의 잘못을 지적할 수 있는 자신에 대해 매우 흡족할 뿐이었다. 물론 어딘가 잘못되긴 했다. 하지만 그 잘못은 교회에 간 리타도 아니며, 가장 필요한 곳으로 교회를 옮겨간 빌도 아니었다. 잘못은 자신이 남을 판단할 자격이 된다고 생각한 그 남자에게 있었다.

주님, 지금은 그 남자도 자신의 섣부른 판단을 무척 후회하고 있다고 합니다.

최근 나는 정말 은혜롭게 치러졌던 장례식에 다녀왔다. 나는 돌아가신 분은 잘 알지 못했지만(우리는 그 따님을 돕기 위해 갔었다) 그분을 알았더라면 좋았을 것이라는 느낌까지 받게 되었다.

그분의 삶은 그다지 평범하진 않았을 것 같았다. 가족들은 음악을 연주하고 시를 낭독했다. 사람들은 그가 이룬 업적에 대해 이야기했다. 그의 여동생은 어린 시절 아름다웠던 오누이의 추억을 나누었다. 그때, 그의 아들이 자리에서 일어났다.

그 아들은 잘 생긴 중년의 남자로, 교육을 잘 받고 경륜도 풍부한 사람이었다. 그는 성서대 뒤에 자리를 잡고는 자신이 써가지고 온 메모지를 보고, 고개를 들어 회중을 보고 … 그리고 또 회중을 보고 … 또 회중을 보았다….

그의 표정으로는 잘 알 수 없었다. 나는 속으로 내 아버지에 대해 회고하기 위해 자리에 섰던 그 비 오던 슬픈 날을 떠올리고 있었다. 나는 와락 그 아들을 안아주고 싶었다. 그의 마음속에 벌어지고 있는 상황을 너무나 잘 이해했던 것이다. 그의 침착한 표정과는 달리 그는 그 자리에 서 있는 것조차 안간힘을 써야 했다. 슬픔이 그의 목소리를 앗아갔기에 그는 목소리를 찾기 위해 애를 쓰는 중이었다.

"하나님," 나는 소리죽여 기도했다. "저 사람이 이 일을 마치도록 도우소서. 그를 지지해주소서."

잠시 후 그의 형제가 일어났다. 교회의 반대편에 있던 그의 여동생도 자리에서 일어났다. 그들은 중앙 통로에서 만나 성서대로 걸어가 그 중년 남자의 양 옆에 한 사람씩 섰다.

"오, 좋아요, 하나님!" 나는 감동되었다.

형제자매가 자신의 옆에 서 있다는 사실만으로도 슬픔에 휩싸인 그 남자가 시작할 힘을 준 것 같았다. 그가 중간까지 떨리는 목소리로 읽자, 그 다음엔 남동생이 받아서 읽고, 그 다음엔 여동생이 받아서 읽고 마지막으로 그 중년의 남자가 끝마치도록 했다. 그들의 요지는 관속에 조용히 누워있는 그의 아버지에게 이렇게 말하는 것이었다. "평안히 가세요. 아버지는 자격이 있으십니다!"

나까지 일어서서 박수를 쳐주고 싶을 지경이었다!지금 나는 그의 남동생과 여동생이 내가 하나님께 그를 도와달라고 부탁했기 때문에 일어났다는 말을 하는 것이 아니다. 내가 하고 싶은 말은 우리가 종종 가족이 할 수 있는 축복을 저평가하고 있다는 것이다.

내게는 남자형제가 세 명, 여동생이 한 명 있다. 대부분의 형제들처럼 우리도 클 때는 무척 싸웠고 지금도 그다지 가깝게 지내지는 않는다. 이 글을 쓰면서 나는 내가 도움이 필요할 때 어떤 형제에게 갈 것인지 궁금해진다.

한 형제는 무덤덤하게 듣겠지만, 조용히 도와줄 것이다. 또 다른 형제는 어쩌면 불평을 할지도 모르지만, 그래도 도울 것이다. 세 번째 형제는 바쁜 스케줄을 조정해서라도 도울 것이라는 생각 밖에 내 머리에는 떠오르지 않았다.

우리의 다툼과 나의 실수들에도 불구하고 우리 형제들은 나를 도울 것이다. 그렇다, 그것이 바로 가족이다.

필요할 때 자신의 옆에 서주는 형제와 자매를 그에게 제공하신 것으로 하나님은 이미 그를 도우셨던 것이다.

나는 그것이 내 기도 덕분이라고 생각하고 싶다. 그것이 어쩔 수 없는 나다!

내 아내 줄리의 일정은 오늘 저녁 식사를 하기에는 시간이 충분치 않았다. 퇴근을 하고도 이십 분 후에는 바로 다시 나가야 했다. 그 정도면 커피를 마실 시간은 될 것 같았다. 그래서 나는 가까운 슈퍼마켓에 커피와 곁들여 먹을 수 있는 초콜릿 쿠키를 사러 나갔다.

그러다 두 손에 식료품을 잔뜩 사고 말았다. 집에 오는 길에 정작 사야 할 쿠키는 잊었다는 것이 생각났다.

슈퍼마켓으로 되돌아가는데 카트를 모아두는 곳에 한 할머니가 쩔쩔매고 있는 것이 보였다. 백 살도 더 되어 보이는 할머니가 백 년도 더 된 것 같은 옷을 입고 있었다. 인상으로 말하자면 그 할머니는 누구보다 인정 많은 분 같았다.

할머니는 카트를 돌려주려 했다. 처음에 카트를 뺄 때 동전이 필요하고, 카트를 돌려주면 다시 동전을 환불 받는 것이었다. 그런데 카트에서 동전이 빠지지 않아서 할머니는 점점 울상이 되어 가셨다.

나는 할머니를 도와 잠시 후에 동전을 돌려드릴 수 있었다. "고마워요. 집에 버스를 타고 가려면 이 동전이 꼭 필요했어요." 할머니가 말했다.

자, 어떤 사람들은 이 묘한 우연에서 뭔가 힌트를 얻어, 이 사람 좋게 생긴 할머니를 돕기 위해 내가 바로 그 시간에 바로 그 장소에 있도록 가던 길을 되돌아 왔던 것이라고 생각할지 모르겠다.

그렇지 않다. 나는 그것이 그냥 일반적인 평범한 '하나님의 사건'이지 그 이상은 아니라고 생각한다.

그리고 덧붙이자면, 이번에는 쿠키를 잊지 않았다는 것!

하루는 나와 함께 지방을 여행하던 줄리가 공사 중인 높은 사무실 빌딩을 바라보게 되었다. 그것들은 까마득하게 높고 거의 불가능할 정도로 가냘픈 크레인에 둘러싸여 있었다. 줄리는 감탄해마지 않았다.

"저 건물들이 어떻게 저렇게 높이 올라갈 수 있는지 알아?" 나는 별 쓸모없는 나의 잡학다식을 뽐낼 기회를 잡고 이렇게 물었다. 그리고는 그 크레인이 건축하고 있는 건물들 위로 올라갈 수 있게 되기 위해서는 적어도 그 이웃 크레인 중의 하나의 영역 안에 자리를 잡아야 한다고 설명했다.

"크레인 하나가 다른 크레인 위로 하나의 섹션을 들고 맨 위에 기중기의 팔을 올려놓는 거야. 다음에는 그 크레인이 이웃한 크레인을 더 높게 쌓고, 그 크레인은 또 이웃 크레인을 돕는 식으로 처음 크레인이 더 높아지도록 돕는 거지. 서로를 올려 주면서 점점 더 자신도 높아지는 거야. 혼자서는 절대 그렇게 높이 올라가질 못해."

그렇다, 나는 건축에 관해 이야기를 하고 있었고, 아마도 그것은 정확한 지식이 아닐 수 있었지만, 내 머릿속에 들어온 말씀을 하나 찾아냈다. "새 계명을 너희에게 주노니 서로 사랑하라." 나는 그것이 그저 말에 그치는 것이 아니라는 것을 깨달았다. 만약 우리 모두가 나 자신보다 상대방을 앞세운다면, 그 반대로 우리 자신은 많은 사람들의 우선순위가 될 것이다. 만약 모든 사람이 상대방을 섬기는 종이 된다면 모든 사람이 섬김을 받게 될 것이다. 만약 우리가 상대방을 높여 준다면 우리 자신이 높아질 것이다.

예수님이 말씀하신 다른 말씀들과 같이 이 말씀도 언뜻 생각하기에는 단순하지만 실제로는 놀라운 능력의 말씀이다.

만약 우리가 단지 이 아름다운 지시를 따를 수만 있다면, 우리 모두가 높아질 텐데!

제4장

밭에 감춰진 보화와 같은 것

천국은 마치 밭에 감추인 보화와 같으니
사람이 이를 발견한 후 숨겨 두고 기뻐하며 돌아가서
자기의 소유를 다 팔아 그 밭을 사느니라.
마태복음 13장 44절

어느 여름날, 한 남자가(이 소박한 책의 저자라고도 할 수 있겠다) 밭에 서 있었다. 인생의 의미를 찾아 헤매었던 수십 년간의 노력에도 불구하고 그의 뜻은 이루어지지 않았다. 인생의 허무감에 못 이겨, 그가 크게 소리 질렀다. "하나님, 당신의 존재를 내가 믿기를 바라신다면, 저에게 어떤 메시지를 주세요!"

답을 기다리고 있던 그는 길게 자란 풀들이 때마침 불어오는 미풍에 맞추어 춤을 추는 것을 보았고, 들꽃들의 갖가지 색깔들을 나열해 보았으며, 하늘을 집 삼아 날아드는 새들의 노랫소리를 들었다.

그는 자신이 서있는 밭의 덤불과 풀 속에는 어떤 작은 피조물들이 먹고 자고 있을까 궁금해졌다.

그때, 서서히 그의 뇌리를 밝혀 주는 깨달음이 있었다. 그 밭이 바로 메시지였다.

예수님의 이 비유에 나오는 종은 그와 같은 발견을 하자 흥분하였지만, 즉각 그 보화를 가질 수는 없었다. 그래서 그는 자기가 가진 모든 것을 팔아 더 귀한 보물을 캐는 데 충당했다. 우리는 그가 반신반의 하지 않았는지, 혹은 다른 사람들이 그를 비웃었는지 확인할 수 없다. 단지 그가 더 높은 목적을 위해 대담한 결정을 내렸다는 정보만 얻을 뿐이다.

믿음은 우리에게 위험을 감수하라고 한다. 하나님은 어떤 사람들에게는 가진 것을 팔아 세상으로 가라고 부르신다. 또 어떤 사람에게는 세상의 습관을 버리라고 말씀하신다. 그러한 명령이 얼마나 큰지에 상관없이, 믿음과 소망 안에서 우리의 삶에서, 곧 우리의 밭에서 발견되는 천국을 최대한으로 이용하여, 그 명령을 실제로 행하는 것이 바로 헌신이다.

* * * * * *

그날따라 기분이 썩 좋지를 않았다.

기독교 서점에 가는 길이었다. 문 앞에 서 있는 걸인을 보았지만, 나는 그가 선량한 그리스도인을 얕잡아 보고 뜯어내려는 것뿐이지 실제로 그렇게 가난하지는 않을 것이라고 마음대로 단정해버렸다.

지나가려는 내 앞에 그가 불쑥 컵을 내밀고는 돈을 요구했다. "없어요!" 나는 딱 잘라 말했다.

그 말이 내 입에서 나가자마자 내 자신의 목소리이지만 얼마나 듣기 흉하던지, 깜짝 놀랐다.

"오, 지나치게 냉정하게 들리는군." 내가 서점 안으로 들어가면서 말했다.

"정말. 나도 놀랐어요." 아내가 맞장구를 쳤다.

마음을 더 불편하게 만든 것은 그 걸인의 사정이 알고 보니 진짜 딱했던 것이다.

아이쿠!

좋아요. 나는 책들을 살피면서 중얼거렸다. 나가는 길에 어떻게 해볼게요.

하지만 그런 일은 미루는 것이 좋지 않다는 깨달음이 왔다. 그 사람에게 말을 할 때는 바로 지금이어야 했다. 계속 미루다가는 그에게 얘기를 할 수 있는 기회가 없어질 수 있다는, 그가 우리가 나가는 그 시간에는 그곳에 없을 수도 있다는 것에 한 치의 의심도 없었다.

나는 보고 있던 책을 다시 서가에 놓아두고는 바깥으로 나갔다.

그에게 약간의 돈을 주면서 무례하게 대했던 것에 사과하고 그의 안녕을 빌어주었다.

안으로 다시 들어가 줄리와 나는 원하던 것을 사고 선물도 골랐다. 일을 다 마친 후에 아내에게 길거리의 그 사내에게 내가 사과를 했다는 사실을 알려주었다. 아무래도 나는 아내에게 내가 차가운 사람이라는 인상을 심어주고 싶진 않았으니까!

우리가 서점에서 나오자, 당신의 추측이 맞다. ⋯ 그는 가고 그 자리는 횅하니 비어 있었다!

의붓딸인 니콜라는 영국에서 미국으로 이민을 갔다. 그것도 사랑을 찾아서! 미국 이민 수속에 필요한 온갖 서류작업과 번거로운 일들을 거치고 나니, 이젠 자신의 나라가 된 그곳에서 직장을 찾기 위해서 더 많은 공적 업무들을 해결해야 했다. 그런 세상적인 일들을 처리하노라면 하나님이 그 일들도 다스리고 계시다는 것을 잊기가 얼마나 쉬운지!

감사하게도 서류 작업과 규정들을 모두 처리하고, 니콜라는 이제 미국에서 요양보호사로 일하고 있다. 니콜라가 '말도 안 되는' 주일이라고 표현한 그 첫 주간을 견디고 나서 나에게 천국의 아주 짧은 순간에 관해 이런 이메일을 보냈다.

"정신없는 아침이었지만, 그건 좋은 뜻으로 하는 말이에요. 오늘 아침에는 85세 되신 할머니를 돌봐드렸는데, 그 할머니가 가지고 계신 경건의 말씀들에 대해 말을 건넸죠. 할머니는 돌아가신 할아버지가 성경을 공부했었다고 하시더군요. 그리고는 고개를 들고 저를 쳐다보면서, '아가씨도 믿는 사람이구만, 그렇지?' 라고 하셨어요. 제가 그렇다고 하자, 의자에서 일어나서 아주 진하고 따뜻한 허그를 해주시더군요. '사실 나를 실망시키신 하나님께 화가 잔뜩 나있었어요. 하지만 하나님은 알고 계셨더군요. 아가씨를 나에게 보내주셨잖아요. 그리고 나를 돌봐주는 다른 아가씨도 역시 거듭난 신자래요!'"

니콜라는 마지막에 이러한 기도를 써 보냈다. "예수님, 감사합니다. 상황이 안 좋을 때에도, 그리고 우리가 자신에게만 빠져 있을 때에도 실은 주님께서 통치하고 계시다는 사실을요!"

혼란의 와중에서도 모든 것은 여전히 하나님의 계획에 따라 움직일 것이라는 것을 아는 것이 이롭다.

해야 할 일이 많은 날이었다. 뒷문을 벌컥 열고 나가서 길을 따라 한 열 걸음이나 걸었을까? 꽈당! 나는 홀러덩 얼음판 위에서 미끄러지고 말았다.

그런데 그것도 그냥 균형을 잃고 비틀거리다가 균형을 잡고 다시 일어서려 하다가 … 뭐 그런 몸 개그 스타일이 아니었다. … 발이 얼음에 닿는 그 순간 바로 넘어져서 무릎을 찧고 말았다. 아프지는 않았지만 웃음이 터지는 것을 억지로 참아야 했다. 순식간에 겸손해졌다.

"좋아요, 하나님. 무슨 뜻인지 알겠어요." 나는 큰 소리로 말했다. "당신 없이 하루를 시작했다는 말씀이지요? 죄송합니다!"

나는 몸을 일으켜 조심스럽게 세상을 향해 나갔다.

그날 나는 여러 사람들을 도와주었고, 몇 시간 후 같은 길을 걸어서 돌아오면서 나 자신에 대해 상당히 만족하고 있었다. 아침에 미끄러졌던 일을 기억하며 살며시 말했다. "오늘 하루 감사했습니다, 하나님. 정말 좋은 날이었어요. 그리고 저도 오늘 한 몫 했다고 생각되네요."

꽈당! 나는 다시 바닥이었다 … 바로 그 자리였다.

그리고 또 무릎을 짚고 있었다!

"네, 네!" 웃음이 터졌다. "알겠네요. 무슨 말씀이신지!"

하나님은 그분의 날에 무슨 일을 실제로 한 것은 내가 아니라, 너를 통해 그분이 모두 하신 것임을 상기시키신 것이다.

하나님과 우리는 무슨 동료나, 동등한 이거나 혹은 후배가 아니다. 우리가 하나님을 사랑한다면, 또 그분이 우리를 사용하기로 하셨다면, 우리는 하나님의 손 안에 잡힌 도구가 된다. 어떻게 사용할 것인지는 그분에게 달려 있다!

그렇게 생각하지 않는 사람이라면 실로 자신이 한순간에 넘어질, 정말 미끄러운 바닥 위에 서 있는 셈이다.

한바탕 호우가 내리고 난 아침이면 골목길의 움푹 팬 곳은 완전히 물에 잠긴다. 양쪽에 삐죽 드러난 풀들은 푹 젖어 물웅덩이를 피하느라 옆으로 돌아서 간 사람들의 발과 자전거 타이어에 의해 흙투성이가 되어 있었다. 지나갈 방법을 멈칫거리며 생각하는 동안 옛일이 퍼뜩 떠올랐다.

수년 전 어떤 선배 한 분과 길을 가던 중에 이와 똑같은 상황에 처한 적이 있었다. 나는 웅덩이 앞에서 주저하고 있는데, 그 선배는 곧바로 건너더니 아직 못 건넌 나를 돌아보았다.

그는 물웅덩이를 만나면 항상 그렇게 한다고 하면서 나에게도 그래야 한다고 말했다. 그 이유인즉슨 이랬다.

"자네가 다른 사람들이 그러는 것처럼 웅덩이 주변을 조심스럽게 건너려고 한다고 가정해보세. 기껏해야 흙 묻은 신발 밖에 얻는 것이 없을 걸세. 안 좋은 일은 또 안 좋은 일을 부르는 게 세상 이치라, 잘못하면 진흙에 미끄러져서 웅덩이 속에 빠질 수도 있네. 온몸에 진흙탕을 뒤집어쓰고 나면 하루를 버려버리지 않겠나? 차라리 튼튼한 신발을 신고 있다면 그대로 걸어서 통과하는 것이 좋아. 웅덩이를 다 건너고 나면 이전보다 신발도 더 깨끗해져 있을 걸세."

내가 이 '지혜'를 이해하려고 노력하는 중에 그는 나를 보면서 다시 말했다. "자네, 내가 여기 있는 이 신발을 말하는 게 아닌 줄 알지?"

고백하자면, 나는 그가 무슨 말을 하는 건지 그의 의도를 물어보려고 했었다. 그의 설명에 의하면, 그가 말하는 신발은 믿음 그리고 어쩌면 덕이라고 할 수 있었다. 웅덩이도 그냥 웅덩이가 아니다. 웅덩이는 우리가 살면서 만나게 되는 어려움들을 대표하는 것이다.

그런 어려울 때를 당하게 되면 우리는 그것들을 어떻게 다루어야 할지 결정해야 한다. 만약 내 자신이 하고 있는 일에 자신이 없다면, 아마 다른 무리들과 마찬가지로 가장자리를 찾느라 제대로 진행할 수가 없을 것이다. 그러는 동안 우리는 조금 더럽혀지고, 약간 진흙이 묻을 것이다. 어쩌면 미끄러지거나—다른 사람에게 떠밀릴 수도 있다— 결국은 웅덩이에 처박히고 말게 될 수도 있다. 게다가 그런 웅덩이는 중독성이 있거나 심지어는 죽게 될 수도 있다. 우리의 삶이 엉망진창이 된다는 뜻이다. 누구도 처음부터 물론 그럴 마음은 전혀 없었을 것이다, 하지만 …

그러나 만약 우리가 내 자신에 대해, 그리고 우리가 어디로 가고 있는지 안다면, 우리가 무엇을 믿는지 알고 있다면, 그렇다면 우리는 안심하고 밟을 수 있는 단단한 지반을 가진 셈이다. 우리가 튼튼하고 방수가 되는 신발을 신고 있다면, 어려움들도 곧바로 질러갈 수 있을 것이다.

물론 그다지 유쾌한 경험은 아니겠지만, 우리는 그로 인해 배울 것이고 성장할 것이다. 그리고 다 건너고 난 우리의 영혼(발바닥)은 전보다 훨씬 깨끗해져 있을 것이다.

이 모든 일들은 내가 웅덩이를 돌아갈 방법을 찾는 그 짧은 시간 동안 머릿속을 지나간 생각이었다. 나는 그 선배에게 상상으로 모자를 들어 보이고 과감하게 앞으로 발걸음을 내디뎠다.

그런데, 기억이 났다. - 그날따라 물이 새는 신발을 신고 있었던 것이다.

하지만 반대편으로 건넜을 때에는 적어도 신발은 깨끗해져 있을 것이다.

줄리는 내게 생일선물로 은팔찌를 사주었다. 팔찌 중간에 내 이름이나 아내의 이름 혹은 내가 원하는 글귀를 새길 수 있는 작은 막대가 달려 있다.

뭐, 내가 우리 두 사람의 이름을 까먹을 정도는 아니니까 나는 좀 더 기억하고 싶은 내용을 새겨보려 했다. 그때 몇 번인가 내 마음을 사로잡았던 성경 구절이 떠올랐다. 때는 부활 사건이 있은 후였다. 제자들은 고기를 잡으려고 나가 있었다. 요한이 고개를 들어보니 한 남자가 바닷가에 서 있는 것이 아닌가. "주님이시라(It is the Lord)." 예수님을 보고 놀란 제자들은 주님에게 가기 위해 황급히 물로 뛰어들었다.

나에게 예수님은 언제나 놀람의 대상이시다. 그래서 나는 종종 물로 뛰어들었던 베드로의 기분을 그대로 느낀다.

펜실베이니아의 한 쇼핑몰에서 나는 내가 종이에 써 간 그 말씀을 그대로 새겨주도록 계산대에 있는 아가씨에게 내 팔찌를 건네주었다. "주님이시라." 그녀는 '주님'이라는 단어에 살짝 힘을 주며 읊었다.

같이 간 친구가 그녀에게 물었다. "주님을 아시나요?" 그녀가 미소를 지으며 답했다. "그럼요, 알죠." 그리고는 자신의 신앙에 관해 말해주었다. 얼마나 복인가! 우리는 전혀 예기치 못했던 곳에서도 예수님을 발견했던 것이다.

그런데 팔찌를 손목에 꽉 맞추지 않고 좀 느슨하게 찼기 때문에 그 말씀이 새겨진 부분은 대개 손바닥의 손목 부분에 떨어졌다. 그래서 내가 오른쪽 손바닥을 책상에 올리거나 어떤 딱딱한 표면에 쓸리게 되면 딸그락하는 소리가 났다. 그 결과로, 겨우 몇 달이 지나자 부드러운 은팔치의 말씀 부분에는 흠집이 많이 나게 되었다.

팔찌는 내게는 소중한 선물이었고, 또 거기에 새겨진 말씀도 예수님이 모든 곳에 계시다는 것과 어디에서나 찾을 수 있다는 것을 상기시켜주는 귀중한 것이었다. 그런데 지금은 많이 닳고 흠집이 생겨 있다.

그러나 나는 뭔가 깨달은 것이 있었다. 금이나 은보다 귀한 가치를 가진 선물이신 바로 그 예수님께서 십자가에서 닳고 생채기가 나 있다는 것이다. 하지만 그 사실이 하나님의 그 귀한 선물이 가진 아름다움을 약화시킬 수 없었다. 사실, 오히려 강화하였다.

그래서 나는 내 생일 팔찌를 계속 차고 있을 것이며, 아마 흠집이 더 많이 나게 될 것이다. 그렇지만 그것이 바로 인생이다. 우리의 육신은 굽어지고 부서지더라도 그 사실이 우리의 가치를 축소시키지는 못한다.

인생이 무너진 사람을 보면, 또 다른 사람도 아닌 내가 그렇다고 느낄 때에 나는 그 사실을 기억할 것이다. 나는 우리에게 어떤 가치가 있다면 그것은 우리가 깃들여 있는 이 육신 속이나, 입고 있는 옷이나, 살고 있는 집에 있는 것이 아니라, 우리의 최선과 최악에서도 그저 주신 우리 주님의 깊은 사랑 안에 전적으로 있음을 기억할 것이다.

그러면 누가 그런 사랑을 주는가?

우리 주님이시다.

줄리와 나는 최근에 '틴 챌린지'('십대들을 위한 도전'이라는 뜻·역주) 버스에 갔었다. 그 버스는 금방이라도 멈춰 설 것 같은 찌그러진 오래된 버스였다. 거기에 간이 부엌이 뒤에 달려 있었고, 좌석이 양옆으로 길게 놓여 있어 서로 얼굴을 마주 보며 대화를 할 수 있도록 되어 있었다.

그 버스를 운영하는 그룹은 버스를 젊은 노숙자들을 위한 호스텔 밖에 주차해놓고, 차와 토스트 그리고 비스킷을 준비하여 누구든지 찾아오는 사람이 먹을 수 있게 했다. 방문객들 일부는 그냥 노숙자이지만 상당수는 마약이나 알코올 중독 또는 정신적인 문제를 안고 있는 사람들이었다.

'틴 챌린지'의 목적은 더 나은 삶을 살고자 하여 현재의 상황에서 탈피할 방법을 찾는 젊은이들을 돕는 것이다. 어떤 청년이 교회에 나가고 자신의 '습관'을 어느 정도 수준으로 돌리겠다고 결심을 한다면, 틴 챌린지는 그를 도와 재활센터에 입소시킨다.

물론 더 큰 소원은 버스에 탄 젊은이들의 영혼에 하나님이 들어가는 것이다. 틴 챌린지에서 일하는 사람 중의 한 명이 했던 말은 지금도 나는 기억한다.

"사람들은 하나님을 찾으려고 이 버스로 오지는 않아요. 그들은 커피나 차를 마시거나 음식을 먹으러 오지도 않죠. 여기 오면 자신에게 관심을 가져줄 누군가가 있지 않을까 해서 오는 경우가 대부분이에요."

얼마나 가슴 아픈 말인가?

혼란스럽고 잃어버린 영혼들이 하나님을 찾으러 오는 것은 아닐지 모른다. 하지만 그들이 인식하지 못해도 그들이 간절히 찾고 있던 것—"관심을 가져줄 누군가"—을 찾게 되는 것은 실제로는 하나님을 찾은 것이 아닐까?

한 여인이 가게의 문에 머리를 쑥 들이밀고는, "여기 우표 파나요?"라고 물었다.

나는 왜 그냥 가게 안으로 들어오지 않는지 궁금했다. 그때 그 여자가 데리고 있는 개가 보였다.

그날은 비가 오고 바람이 부는 궂은 날이었다. 다행히 가게 주인은 개를 예뻐하는 사람이었다. 그녀는 둘을 모두 들어오라고 하여 그 황금색 래브라도(맹견류의 일종-역주) 옆에 쭈그리고 앉아서 개 주인에게 물었다. "몇 살이나 됐어요?"

"세 살이요." 그러자 가게 주인은 놀라움을 감추지 못했다. 개 주인이 웃었다.

"알아요. 사람들마다 다 더 나이 들었을 것이라고 생각해요. 원래 이 개가 강아지였을 때 정말 늙은 개가 한 마리 있었거든요. 강아지는 그 늙은 개가 가는 데마다 따라다니며 심지어 늙어서 절룩거리는 걸음걸이까지 따라 하더라고요!"

(잠시 옆길로 세자면) 믿음의 사람에게 가장 좋은 곳은 믿지 않는 자들이

있는 곳임은 말할 것도 없다. 하지만 주변의 사람들의 습관을 그대로 따라하지 않는 능력을 가진 사람은 그리 많지 않다.

그래서 교회 집회, 성경 공부, 그리고 가정에서 가지는 모임들이 믿는 자들의 생활에 유익하다. 그런 모임의 목적은 어떤 사업이나 일이 아니라 힘과 용기 그리고 소속감을 주는 것이다.

이러한 모임들은 믿음의 사람들이 세속적인 삶 속에서도 신앙을 저버리지 않고 똑바로 걸어서 건너편으로 건너갈 수 있도록 돕는다.

나이가 들기도 전에 늙어버린 개가 보여주는 것처럼 우리는 결국 누구와 함께 걷는가에 따라 그 사람의 걸음걸이를 흉내 내게 된다. 그러니, 이제 우리는 할 수만 있다면 함께 걷자. 그래서 서로 떨어져 있을 때보다 훨씬 더 잘 걸을 수 있도록 하자.

작년 어느 날, 나는 차 한 잔을 사기 위해 있는 동전을 다 끌어 모아야 했던 사람에게 가벼운 점심을 한 끼 산 적이 있다. 그는 나에게 자신의 인생에 대해 조금 얘기해주었다. 어떻게 그가 술과의 싸움에서 지고 말았는지 그렇지만 어떻게 신앙으로 자신의 삶을 돌이켰는지에 대해서 얘기하였다. 대부분 그의 나이 정도 되면 은퇴 생활을 즐길 터인데, 그는 허름한 모텔에 살면서 신앙적인 글이 적힌 전단지를 카페와 사무실 그리고 거리의 행인들에게 나눠주며 살았다.

줄리와 나는 최근 그때와 같은 커피숍에 갔었다. 함께 앉아 있는

데, 아내가 내 어깨너머로 그때 그 아저씨가 차 한 잔을 앞에 두고 전에 입었던 옷을 그대로 입고 외로이 앉아 있는 것을 발견했다. 밖은 이미 영하의 기온이었다.

우리는 막 뜨거운 스프를 다 마시고 일어나려던 참이었다. 그 남자가 나를 기억하지 못할 것이라는 건 알았지만, 그가 있는 자리로 가서 앉아 이렇게 물었다. "하나님의 일은 잘 되가시나요?"

정말, 그는 나를 기억하지 못했다. 하지만 내 질문으로 내가 어떤 사람인지를 알 수 있을 것이었다.

"하나님의 일은 하나님이 알아서 돌보시죠." 그가 말했다. "멋지게요."

"아저씨는 어떠세요?"

그는 입술을 축였다. "그건 별로 문제가 아녜요."

나는 지난 번 대화에서 그에게 암이 있다고 했던 것을 기억했다.

"아니, 관계가 있어요." 나는 용기를 내었다. "아저씨가 그 좋은 일을 계속 하시려면 건강하셔야죠."

그는 어깨를 으쓱했다.

"오늘 같이 추운 날 버티려면 에너지가 많이 필요하죠. 이렇게 하세요. 제가 오늘 여기 스프를 먹었는데, 아주 맛있네요. 정말 좋아요. 한 번 드셔보세요."

그는 거절의 뜻으로 손을 저었지만, 나는 … 그의 뜻을 무시했다.

잠시 후 나는 뜨거운 스프 한 그릇과 롤빵 하나와 버터를 그의 앞에 가져다 놓았다.

"드세요!" 그리고 나는 그가 무어라고 답변을 하기 전에 얼른 내 테이블로 돌아왔다.

줄리와 나는 마시던 음료를 다 마시고 소지품을 챙겨서 자리에 일어났다. 그 남자의 식탁을 지나면서 나는 그의 어깨를 두드리며 말했다. "사랑받고 있다는 것을 잊지 마세요."

그는 뭐라고 말을 하려다가 마음을 바꾸어 그냥 고개만 끄덕였다. "나도 압니다."라는 뜻이었겠다.

내가 얼마나 좋은 사람인지 자랑하려고 이 이야기를 하는 것은 아니다. 스프 한 그릇은 정말 보잘 것 없는 것이다. 그것보다 이 이야기는 요즘과 같은 세상에도 사회에서 살면서 하나님의 일을 하며 온전히 하나님이 공급하시는 것에만 의지하는 사람들이 있다는 것을 기억하기 위함이다.

내가 믿음을 갖기 전에는 다른 무신론자들처럼 이렇게 말했었다. "하나님이 계시다면, 왜 나에게 징표를 주지 않겠어?" 그랬더니 징표를 주셨다!

줄리와 나는 기차의 분주한 종점에 도착해서 군중을 뚫고 나가는 중이었다. 그때 아내가 내 소매를 잡아끌었다.

"봐요." 아내는 공중 전화기들이 놓인 곳을 가리키고 있었다. 거기는 누더기를 걸친 어떤 할머니가 잔돈 나오는 구멍마다 손가락으로 훑고 있었다.

"아마 가진 옷은 몽땅 입고 있는 거 같아요." 줄리가 말했다.

나는 쏟아지는 사람들 속에서도 할머니를 놓치지 않고 쳐다보고 서 있었다. 아무것도 찾지 못한 할머니는 아마 70은 되어 보였는데, 이제는 신문 가판대로 향했다.

할머니의 몸집이 너무나 작아 판매원도 사람들 속에서 그 할머니를 발견하지 못할 것 같았다. 할머니는 잡지를 집어 들고 흔들어 그 속에서 '우연히' 광고 전단지와 TV 프로그램 안내를 떨어트렸다. 바닥에 떨어진 그 종이들을 주워서 그렇게 많이 껴입은 가디건 속에 쑤셔 넣었다. 아마 거리에서 추운 밤을 보낼 때 이불 대신 쓰려고 하는 것인가 보다 추측할 뿐이었다.

나는 마치 남의 사생활을 훔쳐보는 기분이 들었다. 이제 가야할 시간이었지만, 발걸음을 뗄 수가 없었다.

그 할머니가 군중 속으로 쓸려들어 가서 다음에 멈춘 곳은 사진을 찍는 포토부스였다. 거기서도 몇 번이나 동전 반환구를 눌렀다.

할머니가 사진 부스에서 나올 때, 나는 할머니 앞에 마주 섰다. "뭐 좀 찾으셨어요?"라고 내가 묻자, 할머니가 소스라칠 듯이 놀란 것도 무리는 아니었을 게다. 하지만 그 표정에는 다른 감정도 있었다. 그녀는 내가 자신에게 말을 걸고 있다는 사실이 이해되지 않는다는 표정이었다. 그렇게 오랫동안 사람들의 눈에 띠지 않게 마치 존재하지 않는 것처럼 살아왔던 터라 누군가가 말을 거는 것이 크나큰 충격이 아니었을까?

"여기." 나는 약간의 돈을 드렸다.

할머니는 웃으면서 뭐라고 말을 하려고 했으나 어떻게 말을 하는지도 잊은 것 같아보였다. 그때 작은 소리로 할머니의 입에서 나온 말은 "감사합니다."였다. 그리고 미소를 머금으셨다.

할머니의 얼굴과 행동을 보고 놀란 사람은 나였다. 나는 그 돈을 할머니의 손에 꼭 쥐어드리고는 서둘러 군중 속으로 돌아왔다. 다시 아내 옆에 왔을 때에는 뺨에서 눈물이 마구 흘러내리고 있었다.

나는 몇 년 동안이나 믿음에 의심을 가지고 있었다. 그런데 이제 내 의문에 답을 얻은 것이었다. 만약 그 할머니 안에 예수님이 계셨다면, 나는 아마 그분을 알아보지 못했을 것이다. 그래서 대신 주님은 내가 확실히 알아볼 수 있는 사람을 대신 보내셨다.

그 깊은 주름이 펴졌고, 물기를 머금은 푸른 눈은 녹색으로 바뀌었다. 바로 나를 그렇게 사랑해주시던, 이미 오래전에 세상을 떠나신 내 할머니가 나를 보고 미소를 지었던 것이다!

내가 아직 어린이의 순진무구함을 잃지 않고 있었을 때, 나는 할머니의 울타리를 고쳐드리고, 석탄을 날라드렸으며, 할머니 무릎 옆에 앉았었다. 할머니의 미소는 '착한 손자'가 원했던 최상의 보답이었다. 그런데 그 역에서 그 할머니의 미소는, 내 할머니가 돌아가신 지 수십 년이 지나, 누군가 다른 사람을 돌봄으로써, 내가 할머니를 그리고 더 높은 곳에 계시는 누군가를 행복하게 해 드릴 수 있다는 증거를 보았던 것이다.

줄리와 나는 '지저스 크라이스트 수퍼스타'를 보러 극장에 가던 길이었다. 하지만 고백하자면, 나는 그 뮤지컬은 거의 반도 보지 못했다. 행복에 겨운 눈물이 시야를 계속 가렸기 때문이었다.

나는 의자에서 앞으로 몸을 내밀고 이 장면이 어떤 식으로 펼쳐질지 궁금해 하며 지켜보고 있었다.

내가 탄 버스가 정류장에 서고 보니 한 무리의 나이 드신 할머니들과 덩치 큰 무지막지하게 생긴 사내가 기다리고 있었다. 그 남자의 생김새가 가관인 것이, 키가 190센티미터나 되고 몸집도 거대했고, 기름기 베인 청바지를 입고 온몸에 소름이 돋을 피어싱을 하고 얼굴에는 거미집 문신을 했는데, 그것도 모자랐는지 머리는 빨간색 리본으로 뒤로 넘겨 묶었다.

그 사내의 외모 외에는 아무 심각할 것도 없는 평범한 장면에서 나는 왠지 불편한 어떤 상황이 벌어질 것 같아 불안했다. 그 왜소한 할머니들은 그 덩치 큰 사내를 완전히 없는 사람 취급하는 것이 아닌가. 게다가 그를 무시하는 통에 그가 할머니들을 먼저 버스에 오르도록 한 발자국 뒤로 물러나주는 것도 알아차리지 못하는 듯했다.

나는 그의 예상치 못한 좋은 매너에 속으로 박수를 보내고 싶었다. 하지만 그렇다고 해서 만약 그가 가까이 와서 내 옆에 앉게 된다면 나도 그다지 편할 것 같진 않았다.

버스 안은 비좁았고, 나는 그가 좌석으로 걸어올 때에 살짝 다리를 저는 것을 알았다. 그 제한된 공간에서 그가 아픈 다리를 어쩌지 못해 고통스럽게 다리를 피려고 노력하는 것을 보았다.

어색한 순간이 잠시 흐르고 나자 나는 내가 옳은 일을 할 용기가 있는지 궁금해졌다. 나는 그의 팔에 새겨진 '곰'을 톡톡 쳤다.

그가 몸을 돌려 나를 보았다.

"제가 자리를 옮기면 도움이 되지 않을까요? 제가 다른 곳에 앉으면, 다리를 펴실 수 있는 여유가 좀 생길 텐데요."

그는 잠시 내 말을 생각하더니, "아뇨,"라고 하더니 다시 고개를 돌렸다.

뭐, 그렇다면…

마침내 그가 내릴 정류장에 도착했다. 그곳은 병원 앞 정류장이었다. 나는 그가 다리를 치료받으려고 병원에 가는 것이라고 추측했다.

그는 자리에서 몸을 일으켜 출구로 향했다. 그때 그가 몸을 돌렸다.

"아까 고마웠어요. 이렇게 생겨가지고," 그는 말하면서 손으로 자신의 얼굴을 가리켰다. "도와주겠다는 친절한 말은 기대할 수가 없어요."

그리고 그는 뒤도 돌아보지 않고 내렸지만, 나는 마치 다른 세상을 겪고 난 것 같이 느껴졌다. 사회적으로 우호적이지 못한 겉모습으로 할머니들을 배려하는 그의 마음씨를 쉽게 판단하면 안 될 일이었다. 그는 누구보다도 신사였다. 하지만 우리 대부분은 그런 외양의 사람에게 친절하기가 쉽지 않다. 그래서 내가 그에게 도와주겠다고 하자 그렇게 놀랐던 것이다.

내가 배운 교훈은 아무리 위협적인 사람에게도, 심지어 자신의 친절이 받아들여지지 않거나 비웃음 당하기가 십상인 경우라도 친절해야 한다는 것이다. 도와주겠다는 제안은 무감동한 외면의 틈을 발견하여 심장까지 닿을지 모르기 때문이다.

나는 내 자신의 내면적 추함이 그의 외모보다 훨씬 더 깊다는 것을 안다. 내가 저지른 일들은 그의 문신보다 더 흉하지만, 하나님은 그래도 나를 사랑하신다. 이렇게 생긴 모습에도 불구하고.

저녁 산책을 나선 나는 쇼핑몰로 향했다. 겨울이라는 계절과 그 시간의 특성상 쇼핑몰은 한적했다. 쇼핑몰 가까이 가는데 내 뒤에 위협적인 덩치의 '펑크족들'이 있는 것을 발견했다. 그들은 발톱이 그려진 부츠를 신고 온몸에 체인을 감았으며 거인과 같은 키에 모호크 인디언과 같은 스파이크 헤이스타일을 하였다.

그때 나는 중앙 입구 앞에서 땅에 퍼져 있는 한 사람을 보았다. 취했나보군, 이라고 생각했다. 그런데 그 펑크족들은 가던 방향을 바꾸어 그에게로 향했다.

내게는 내 용기를 시험하는 순간이 연출되려 하고 있었다. 저들이 저 취한 사람을 털면, 아니 그를 때리기라도 한다면? 나는 어떻게 해야 되지? 저들을 막아설 용기가 내게 있나? 내가 저 술꾼을 구하려고 한다면 분명히 잔뜩 얻어맞을 게 뻔한 데 그래도 나설 수 있을까?

고백하자면 그 때 내 심장은 긴장감으로 가슴 밖으로 튀어나올 것 같았다.

그때 그 세 명의 무섭게 생긴 펑크족들이 취한 사람에게 다가갔다. 그들은 그를 일으켜 앉히고 깨우며 그가 괜찮은지, 집에 가는데 도움이 필요하지 않은지 물었다.

정말 현실에서 선한 사마리아 사건이 벌어진 것이다. 나는 걸으면서 다시 성경 말씀이 오늘날의 현실에서도 적용된다는 사실에 다시금 놀랐다.

이제 내게는 답해야할 두 가지 질문이 남았다. 사회의 건실한 일원이라고 자처했던 나 자신은 저들과 같이 행동했을 것인가? 그리고 아, 얼마나 지나야 외모로 남을 판단하는 일을 멈출 수 있을까?

장모님은 이생에서의 마지막 몇 달을 우리와 함께 지내셨다. 암으로 고생하고 계셨는데, 재택근무를 하던 내가 장모님의 전담 보호자가 되었다.

돌아가시기 직전에 상태가 매우 위중해지자(강력한 안정제를 맞고 계신 상태였다), 나는 그분을 안정시킬 수가 없었다. 아내가 직장에서 돌아오기만을 기다리고 있었다.

문에서 노크소리가 들렸다. 그 지역 담당 간호사가 현관에 서 있었다. 나는 상황을 설명하고, 그녀에게 차를 대접하기 위해 부엌으로 들어갔다. 그녀는 장모님을 보러 우리 거실에 놓아둔 병원용 침상으로 갔다.

내가 간호사를 만나러 돌아오니, 그녀는 장모님의 얼굴을 닦아드리고 머리를 빗기고(이거야말로, 남자인 나는 미처 생각지도 못한 일이다) 있던 참이었으며, 그녀는 장모님에게 부드럽고 안정감을 주는 목소리로 장모님이 예쁘다고 말했다.

놀랍게도 방금 전만 해도 도저히 안정되지 못했던 분이 그 말에 서서히 긴장을 풀고 잠이 들었다. 그리고 몇 분이 지나 세상을 떠나셨다. 이 땅에서의 마지막 경험이 낯선 사람의 친절이었다.

그런데 어떻게 그런 일이 생겼을까? 구역 담당 간호사들은 도움을 주기 위해 정기적으로 방문하고 있었다. 그들은 늘 미리 정해진 시간에 왔으며, 항상 짝 지어 다녔다. 그런데 이 간호사는 혼자서 아무런 예고도 없이 바로 그 적절한 시간에 왔던 것이다.

장모님이 안전하고 사랑을 받으며 하나님의 집으로 안내되었다고 상상한다면 너무 지나친 것일까?

나는 그날 오후 춥고 바람 부는 철로 승강장에 있었다. 손에는 작은 디지털 라디오를 들고 여기 저기 채널을 돌렸다. 이어폰으로 나는 알란 베네트가 돌아가신 자신의 어머니에 대해 하는 말을 들었다. 그분은 치매로 인해 요양원에 계셨다고 한다.

그 방송은 내가 찾고 있던 가벼운 오락 프로그램이 아니었지만 나는 채널을 고정하고 들었다. 베네트가 묘사한 어떤 순간에 대한 이야기는 그 프로그램이 다 끝나고 난 후에도 내 마음 깊이 남았다. 그는 어머니에게 아버지를 기억하냐고 물었다. 아버지는 수년 전에 이미 먼저 돌아가신 상태였다.

"물론 네 아빠를 기억하지."

"아빠 이름이 뭐죠?" 베네트가 물었다.

"이름은 … 사랑!" 그의 어머니가 자신 있게 말했다. "그리고, 너는 … 네 이름도 사랑!"

우리가 너무나 자주 당연한 것으로 받아들이는 것이 아닌가! 모든 기억이 상실 되었지만, 그의 어머니는 심지어 남편이나 아들의 이름 조차 기억을 할 수 없게 되었지만 그들이 사랑이라는 것만은 기억할 수 있었다.

사랑은 인내한다. 그 어머니의 정신에 얼마 남지 않은 기억들 속 에서도, 그리고 그 아들의 지극한 보살핌 속에서도, 사랑은 오래 참 는다.

그때 나는 정류장으로 기차가 들어오는 것을 보았다. 기차가 서고 치익 소리를 내며 덜커덩 문이 열렸다. 분주히 내리는 승객들 중에 서 나는 나에게 걸어오는 자그마하지만 아름다운 여인을 보았다. 내 아내였다. 때로는 느리게 돌아가는 내 머리가 그녀의 이름을 미처 떠올리기도 전에, 나는 그녀가 사랑이라는 것만큼은 확실히 안다.

요한일서에 이렇게 말하지 않던가. "하나님은 사랑이시라 사랑 안에 거하는 자는 하나님 안에 거하고 하나님도 그의 안에 거하시느 니라."

"아빠, 쓰레기 옆에서 비키세요!"

그건 우리가 버려진 나무 조각들을 지나칠 때면 딸이 자동적으로 하는 말이다.

결국 나는 아이에게 물었다. "너, 뒷마당에 있는 놀이집 기억나 지? 네가 친구들과 들어가서 놀았던?" 아이는 고개를 끄덕였다.

"그게 바로 이 쓰레기 나무로 만든 거야! 경첩만 사다 달았지, 나머지는 모두 철거 현장에서 버린 것을 주어온 거야. 우리 정원에 있는 나무집 기억하니?" 물론 기억했다.

"쓰레기! 네가 야채밭을 가지고 싶다고 했던 것도 기억하지? 내가 밭 주변에 울타리를 쳐주었었는데?"

"말하지 않으셔도 돼요. 쓰레기?" 신음소리를 내며 딸이 말했다.

그 모든 나무 조각들은 불살라지거나, 썩어지거나, 땅에 묻힐 운명이었다. 하지만 나는 가난했기 때문에 내 아이를 위해 나는 그것들을 모으고 재조립해서 새로운 이야기가 생기게 했다. 그것이 전에는 무엇으로 사용되었건 간에, 내 딸의 행복한 유년시절의 일부가 되었다. 새로운 생명을 얻었던 것이다.

하나님도 버려진 것들을 샅샅이 훑으시기에 주저하지 않으신다. 당신의 인생은 겉보기에는 가치 없는 쓰레기 같아 보일지도 모르지만 하나님은 당신을 뭔가 새로운 것으로 만드신다. … 거저 당신이 그분께 요청만 드린다면 말이다.

그리고 자신의 행동에 의해서나 혹은 감당할 수 없었던 상황에 의해서 인생이 허물어진 사람들에게 우리가 다가가지 않는다면 그들은 썩어지고, 불태워지고, 땅에 묻히고 말 수도 있다. 하지만 우리가 하나님의 인도를 따라?그리고 내 딸의 표현에 의하면– 쓰레기에 가까이 간다면, 어쩌면 우리는 하나님의 이름으로 그들을 도와 새로운 이야기를 쓸 수 있을지 누가 알랴?

　나는 속으로 한숨을 쉬었다.

　나는 다른 사람을 위해 할 수 있는 한 최대한 해왔다고 자부한다. 그런데도 어떤 사람들은 내가 한 일에 대해 비판을 한다. 나는 그들이 좋은 점은 무시하고 꼭 일부 '안 좋은' 일만 꼬집어 낸다고 느꼈다.

　그런 순간에는 만사를 집어치우고 싶은 마음이 충만해진다!

　소방관을 했던 친구가 이런 이야기를 해준 적이 있다. 화마와 싸워서 막 진화를 마치려던 찰나에 소방관이 결코 잃어버려서는 안 되는 도끼를 잃어버렸다. 그의 상관은 생명을 구한 그의 공로에도 불구하고, 도끼를 잃어버린 그의 실수를 결코 넘어가지 않고 심하게 질책했다.

　그런 심한 소리를 듣고 자괴감에 빠져 돌아오는데, 그의 동료가 보낸 위로의 말로 질책하는 상사의 목소리를 마음에서 털어버릴 수 있었다. "문제를 일으키지 않는 사람은 절대 어떤 좋은 일도 하지 않는 사람이지!"

　얼마나 멋진 말인가!

　상관하지 않기는 쉽다. 때로 도와야 될 이유보다는 돕지 않아도 되는 이유를 찾기가 백번 더 많은 법이다. 선과 악 사이의 전투의 성격도 그렇다.

아무리 노력해도, 또 아무리 주어도, 언제나 부정적인 지적을 하는 사람이 있으며 결국 그로 인해 당신이 선한 일을 하지 못하게 만들 것이다. 누가 그런 사람인가? 문제 안에 휘말리는 것과 하나님의 선한 일을 하는 것 중에서 어떤 선택을 할 것인지 생각해보면 … 글쎄, … 나와 함께 많은 문제에 휘말리실 생각은 없으신지?

요 며칠 전에 도움을 구하러 교회를 찾으신 분이 있었다. 사실대로 말하자면 그는 돈을 요구했다.

우리 목사님은 그를 안으로 들어오게 하여 그 사정을 듣고는 자신의 주머니에서 현금을 꺼내 주었다.

다음날 그가 돌아왔다. 하지만 이번에는 문을 두드린 것이 아니었다. 어디서 구했는지 콘크리트 덩어리를 스테인드글라스 창문 밑에 놓고 넘어 들어와 교회를 털었다. 게다가 창고로 가는 복도를 통해 나오면서 칸막이를 걷어차서 부셔놓기도 했다. 그렇지만 그에게는 훔칠 가치가 있는 물건이란 게 도무지 없었기 때문에 부아가 났을 것이다.

한 주일이 지나 사건이 일어났던 복도에 서서 우리 교회에서 가장 아름다운 영혼을 가진 분과 더불어 대화를 하게 되었다. 그것으로 벌어진 수리 작업을 지시하면서 그녀는 미소를 지으며 말했다. "그게 말이죠, 물론 이런 사건이 생기지 않았기를 바라지만, 결국 이렇게 산뜻하게 수리를 하게 되었으니 이것도 좋은 일 아닌가요?"

종종 간단한 말로도 위대한 진실이 드러나는 법이다.

우리는 누구도 문제가 생기거나 인생이 고달파지는 일을 원치 않는다. 하지만 그런 시련이 우리가 지금 이곳에 있게 된 애초의 원인이라는 믿음이 옛날부터 있었다. 시험의 때를 통과하면 우리가 처음 가지고 있던 울퉁불퉁한 것들은 깎여지고 정제되어진다. 우리 교회가 그 도난 사건 이후 보수작업을 마쳐 깨끗해 졌듯이, 완성된 모습은 악에 대한 사랑의 승리가 될 것이다.

나는 이생을 통과하며 성장하였던 그 고난의 시간 덕분에–그 도난 사건 덕분에– 우리 모두가 언젠가 전혀 새롭게 고침을 받은 모습으로 만나게 될 것을 간절히 기다린다.

제5장
좋은 진주를 구하는 장사꾼과 같은 것

또 천국은 마치 좋은 진주를 구하는 장사와 같으니
극히 값진 진주 하나를 발견하매 가서 자기의 소유를 다 팔아 그 진주를 사느니라
마태복음 13장 45-46절

예수님은 진주와 감춰진 보물이라는 비유 모두에서 더 큰 보물을 얻기 위해 자신이 가진 모든 것을 판다는 개념을 제시하신다. 이번 장에서 나는 앞에서의 진주 비유의 다른 측면에 대해 집중해보겠다.

상인의 주 품목은 진주 거래였다. 진주는 그에게 귀중하기는 하지만 아무튼 판매를 위한 상품이다. 하지만 그가 가진 모든 진주 가운데 아주 특별한, 절대 팔고 싶지 않은 특별한 진주를 하나 발견했다.

진주는 정말 특별할 것 없는 환경에서 만들어진다. 바다 밑바닥의 모래와 진흙 속에 서식하는 조개는 무조건 빨아들였다가 소화할 수

없는 것들을 쌓아둔다. 그 위에 또 쌓아두기를 반복하다보면 … 그렇다 … 진주가 만들어진다! 조개는 작은 모래 알갱이 조각을 아주 귀중한 보석으로 바꾸는 것이다.

우리가 눈을 크게 뜨고 찾는다면 많고 많은 사람들 속에서 진주 중의 진주를 구별해 낼 수 있을 것이다! 때로 우리는 그다지 영적으로 훌륭하다고 생각지 못한 사람들이 하나님의 훌륭한 도구가 될 수 있음을 보게 된다. 일터에서도 그런 진주를 발견하게 되는 것이다.

이 진주 비유의 교훈은 믿음을 위해 자신의 모든 것을 내어놓음의 중요성이다. 그러나 또 눈을 뜨고 살핀다면 하나님의 진주를 어디에서도 찾을 수 있다는 교훈도 발견할 수 있다.

* * * * * *

하루는 시내에서 집으로 걸어가는 길이었다. 몸집이 아주 자그마한 할머니를 보았다. 솔직히 말해 그다지 내 레이더에 들어오지 않는 분이었다. 그냥 한 분의 할머니이자, 평범한 특별할 것이 전혀 없었다.

그때 할머니가 쇼핑 가방을 내려놓더니 허리를 펴고 깊은 숨을 내쉬었다. 그 가방에는 세제 한 박스가 들어 있었다.

할머니 옆을 지나치다가 다시 돌아가 도와드릴까 물어보았다. 할머니는 잠시 나를 보고 미소를 지었다. 나는 할머니가 내 말을 못 알아들었다고 생각했다. 그때, 할머니가 입을 열었다. 보통은 쇼핑카트를 가지고 다니기 때문에 운반하는데 문제가 없었는데, 오늘은 가지고 오지 않아서 이렇게 힘들다는 설명이었다. 그런데 세일 품목에 세제가 들어 있어서 넉넉지 않은 할머니 형편에 그냥 지나칠 수가 없었다는 것이다.

할머니가 말씀하시는 동안 나는 가방을 들고 함께 걷기 시작했다. 겨우 몇 걸음을 떼어놓았을 뿐이지만 할머니가 따라오시도록 하려면 아주 천천히 걸어야 한다는 것을 알았다. 덕분에 할머니와 대화를 할 수 있는 시간이 충분해졌다.

어떤 얘기였을까?

할머니는 지금 92세가 되었다고 하신다. 구세군에서 은퇴하셨는데, 십대에 벌써 구세군이 되셨으며, 그 구세군 대학에서 영원한 사랑이 되었던 남편 되실 분을 만났다고 했다. 두 사람은 결혼 후 함께 사역을 시작했다.

할머니는 가난한 도심 지역에서 했던 일들에 대해 말씀하셨다. 그리고 내게 남편이 30년 전에 선한 일을 하는 도중에 갑작스레 돌아가신 것도 얘기하셨다.

할머니는 남편 옆에서 늙어가기를 원했었다. 왜 일이 그렇게 되었는지 다 이해할 수는 없지만, 할아버지가 돌아가셨을 때 그녀와 아들을 돕기 위해 여러 사람이 꼭 필요한 장소에 있었던 것에 대해 감사했다. 그녀는 그러한 일들에 모두 의미가 있었음을 믿을 수밖에 없었다.

나는 할머니의 말씀을 들으면서 점점 더 존경심이 커졌다.

할머니의 집에 도착해서야 그분이 톰슨 부인이라는 것을 알고 나도 내 소개를 하고 악수를 하였다. 그녀가 아까 가던 길에서 멈추고 가방을 내려놓았을 때, 하나님께 그 가방을 집에 가져 갈 수 있도록 도와달라는 기도를 했다고 한다. 마침 그때 내가 그곳을 지나갔던 것이다. 할머니는 하나님이 나를 도우미로 보내셨다고 확신하셨다. 할머니는 내 얼굴에서 그것을 볼 수 있었다. 그리고 할머니는 내 친절에 대해 하나님이 동일한 축복을 해주실 것을 확신한다고 하셨다. 그리고 그날 밤 자기 전에 나와 내 가족을 위해 기도하시겠다고 약속하셨다.

나는 다시 집을 향해 걸으면서 하나님을 위해 일생을 보낸 어떤 사람의 길을 편하게 하기 위해 하나님의 도구가 된 것에 대해 생각했다. 만약 그것이 사실이라면 - 그런 일을 위해 선택되다니, 대단한 영광이 아닌가!

그때 내 머리에서는 방금 전만 해도 내가 할머니를 그냥 평범한 나이 드신 어른이라고 생각했던 것이 떠올랐다. 얼마나 잘못된 생각이었던가! 사람들을 알면 알수록 나는 하나님은 누구도 '평범' 하게 만들지 않으셨음을 깨닫게 된다.

톰슨 부인, 나에게 이런 깨달음을 주셔서 고맙습니다!

이방인에게 친절을 베풀라는 성경 말씀이 있다. "손님 대접하기를 잊지 말라 이로써 부지중에 천사들을 대접한 이들이 있었느니라."

화요일마다 나는 어떤 젊은 동유럽인에게서 '빅 이슈'(The Big Issue-노숙인들이 판매하는 거리 잡지) 한 부씩을 산다. 이 사람은 영어를 거의 하지 못하지만 항상 "하나님께서 축복하시기를!"이라는 말로 우리의 거래를 마감한다.

그의 축복은 나에게 감명을 주었다. 사실, 나는 하나님의 축복을 풍성히 받았기 때문이다. 나에게 멋진 집이나 자동차가 있거나 많은 돈을 가지고 있진 않지만, 내가 받은 축복은 어디에서 어디까지 세어야 할지 알 수 없을 정도이다.

성탄절 전 주, 그 계절이 주는 감사함의 정신을 받아 나는 이 잡지 판매원에게 성탄절에 어떤 선물을 받으면 좋겠냐고 물었다. 몇 번의 오고간 노력 끝에 겨우 내 말이 희미하게 이해된 듯 했다. 그는 잠시 생각하더니 이렇게 답했다. "가족을 위한 집 … 행복하면 … 그리고 따뜻하면 좋겠어요. 어머니 건강이 회복되시길. 심장이 안 좋으셔요."

아, 이건 내게는 너무도 큰 것이었다! 내가 할 수 있는 일들은 하나도 없었으니.

"아뇨. 당신은요?" 내가 재차 물었다. "당신은 뭘 원하느냐고요?" 그는 여전히 이해하지 못하는 듯 했다.

그래서 내가 무슨 생각을 했냐고? 그에게 DVD나 CD를 사주었을까? 그런 것들을 즐길 만한 곳이 그에게 있기나 할까? 차라리 따뜻한 스웨터나 장갑이 더 필요한 것 아닐까?

그 질문은 그에게는 정말로 어려운 질문인 듯했다. 그렇다면 그가 원하는 것은 아무 것도 없단 말인가? 마침내 그는 팔에 가득 들고 있는 잡지를 내려다보았다. "어쩌면 성탄절에는 … 운이 좋아서 … 이 잡지를 많이 팔아서 … 돈을 벌어서 … 가족에게 좋은 것들을."

여기 이 남자에게는 가족이 전부였다. 그의 어머니, 아내 그리고 4살 된 딸이 그의 행복이었다.

나는 그에게 다시 만나자고 말하고 걷기 시작했다. 나의 따뜻한 집으로, 내 아내와 아이들이 필요한 음식과 옷을 다 가진 그곳으로, 건강하신 내 어머니에게, 그리고 나의 멋진 삶을 향해.

그때 나는 어떤 충동을 받아 은행으로 가서 여윳돈을, 그리고 거기서 더 무리하여 가능하면 많은 돈을 인출했다. 내가 하는 이 일은 하나님이 내게 주신 그 모든 것으로 인해 하나님께 "감사합니다"라고 말하는 일이었다.

그리고 카드 가게에서 카드를 한 장 산 나는 가게 창문에 기대에 '사랑의 선물'이라고 쓰고 접어서 안에 돈을 넣었다. 그리고 다시 돌아가 그 잡지 판매원에게 봉투를 건네주고는 '메리 크리스마스'라고 인사했다. 놀라기도 하고 기쁘기도 한 그는 뭐라고 많은 말을 했으나, 그중에서도 내가 가장 잘 알아들은 말은 역시, "고맙습니다! 하나님의 축복이 있으시길!"이었다.

나는 그의 팔을 두드리고 돌아섰다. 그가 봉투를 열어보기 전에 얼른 사라지고 싶었던 것이다. 왜냐하면 그 돈에 대해서는 나에게 감사할 것이 없었기 때문이다.

하지만 뭔가가 나를 세웠다. 나는 몸을 돌려 외쳤다. "이봐요! 이름이 어떻게 돼요?" 그는 물어봐줘서 기쁘다는 듯이 환하게 웃었다. "가브레일."

그날그날 처리해야 할 많은 양의 일을 어떻게 다 해낼 수 있을까? 솔직히 어떤 때에는 포기하는 것도 있다.

그렇다면 끝까지 해내는 일은 어떤 것일까? 즉시 해야 하는 일이나 즉각적인 결과를 기대할 수 있는 일에 매달리는 일이 대부분이다. 그러면 못하고 넘어가는 일들은? 대개는 무형의 일들이다. 그래서 하나님과 대화할 시간도 많지 않은 것 아닐까? 아마 하나님도 역시 바쁘실 것이라고 스스로 위안 삼을 것이다.

20살 된 내 의붓딸이 최근 우리 집에서 살았었다. 하루가 끝나서 모두가 잠자리에 들려고 할 때 나는 그 아이가 칫솔 옆에 책을 두는 것을 보았다. 그때 마침 그 아이는 방에 있어서 나는 아내에게 책에 대해 말했다.

줄리는 아이들이 어렸을 때 자기 전에 반드시 이 분 동안을 칫솔질을 하라고 가르쳤다고 한다. 귀여운 플라스틱 달걀 모양 타이머로 그런 습관을 기르도록 도왔다. 헌데, 이제는 다 큰 아가씨가 된 딸에게는 달걀 타이머가 필요치 않았다. 대신 그 아이는 칫솔질을 하는 시간마다 묵상집을 읽는다.

와! 나는 상상하지 못했었다. "어떻게 그럴 수가 있어?" 내가 다음 아침 딸에게 물었다.

"한 손에 책을, 그리고 다른 한 손에 칫솔을. 아주 간단해요." 그리고는 서둘러 직장에 나갔다. 그녀도 우리만큼이나 바쁜 아이였다.

물론 그랬다. 그렇게 간단하다. 하나님을 찾는 시간은 당신이 얼마나 바쁜 사람인지와는 아무 상관이 없다. 그건 당신이 얼마나 그 시간을 원하는가에 달려 있다.

이런 영적 깨달음은 맥도날드 햄버거 집에서 생긴 것이다. 점심을 먹으면서.

줄리와 나는 하나님과 함께 걷는 일이 그냥 기도를 하거나 교회를 가는 것 그 이상이라는 말을 하고 있었다. 그것은 하루 종일 하나님과 대화하는 것이며 내가 조금 '세상적'이 되고 싶을 때 그분을 옆으로 밀쳐 내지 않는 것을 뜻한다.

그즈음 나는 사람들에게 약간 빈정대는 말과 함께 점수를 매기고 있었다는—말하자면 사람들에 대한 평가— 고백을 했다. 줄리는 하나님을 밀쳐내는 자신의 고집스러움을 반성했다.

"그런 순간이면, 우리는 하나님이 원하시는 일보다는 우리가 원하는 일에 더 관심을 기울이지. 하지만 우리가 하나님의 생각에 저항하다보면 점차 우리의 삶에서 그런 세상적인 일을 덜 하게 되겠지. 우리가 자신을 앞세우지 않는 자리는 하나님이 채우실 다른 공간으로 남겨두는 셈이지. 이런 공간들로 말미암아 하나님과 더 가까운 관계가 될 수 있어."

이 정도 말로는 부족했다. 나는 내 말을 뒷받침해줄 더 완벽한 표현을 찾고 싶었다.

"하나님의 세상에서 살아야 마땅할 때, 이 세상에서 살려고 하는 것과 같아!"

그때 뭔가가 나를 쿡 찔렀고 나는 그 말들을 생생하게 그려낼 수 있었다. "이 세상에 사는 것." "하나님의 세상에서 사는 것."

"있잖아, 이 두 구절은 단어 하나만 달라."

단어 하나의 차이로 완벽하게 의미가 바뀌니 정말 놀랍지 않아?

나는 속으로 생각했다.

어떤 때에는 둔한 나도 지금은 제대로 깨달았다.

'이 세상에 사는 것' 과 '하나님의 세상에 사는 것' 의 차이를 만드는 부호가 있다면 그것은?

"+"

이번에는 지구력에 관한 흥미로운 교훈 하나. 믿음의 이야기를 묶은 작은 책이 세계 제2차 대전 이후 영국에서 인쇄되었다. 그저 약간 두터운 팸플릿 정도의 이 작은 책은 전후 경제 사정을 반영하는 것이었다. 즉 그냥 스테이플로 철해지고 두터운 종이로 표지를 한 소박한 책이란 뜻이다.

아마도 책을 읽은 '조심스러운 책 주인' 이 자신의 서가의 두꺼운 책들 사이에 꽂아두고 한동안 그냥 잊고 있었을 것이다. 60년이 지나 이런저런 경로를 거쳐 중고 서적상의 손에 들어가서 이베이(전자 상 거래 사이트)에 실린 것이다. 그 책이 결국 우편배달부를 거쳐 내 우편함에 배달되었다.

내가 중간 페이지 정도로 책을 펴자, 내 책상에 누런 먼지 덩어리가 떨어졌다. 책을 철하고 있던 금속 스테이플은 아마도 그 책에서 가장 강한 부분이었을 텐데 완전히 녹이 슬어 떨어졌다. 두터운 종이의 표지는 그 다음으로 튼튼한 부분인데도 아마도 햇볕에 의해 탈

색되어 가장자리가 누렇게 변색되었을 뿐만 아니라 찢어지기도 했다. 반면에 수십 년 동안 열어보지 않았던 속 페이지들은 그런대로 볼만했다.

그 책의 가장 연약한 부분인(비교적) 현대의 예수님에 대한 이야기들은 완전한 상태로 그 책의 첫 주인에게 했을 그대로의 방식으로 내 마음과 영혼을 만져주었다.

강함은 우리가 그러리라고 기대한 곳에 있지 않다. 우리가 가혹한 세상에서 부드러운 말의 능력에 대해 의문을 가지게 될 때 이 책을 기억하면 좋으리라.

레스 니콜은 목동이자, 목동의 아들이며, 또 목동의 손자였다. 좀더 정확하게 말하자면 그는 양떼와 함께 언덕에서 사는 목동이었다.

레스는 14살 때부터 한 농부를 위해 일하기 시작했다. 58년이 지난 후 그 농부의 아들이 새 농장 주인이 되어 레스에게 은퇴하라는 말을 내비쳤다. 레스는 그의 말에 콧방귀를 뀌며, 은퇴를 하는 직업 같았으면, 처음부터 시작도 하지 않았을 것이라고 말했다.

목동이라는 정체성은 그 남자의 근간이었다. 그는 나에게 자신이 한때 100마리 양에게 일일이 손으로 약을 먹였던 일을 얘기해주었다. 그날 그에게는 80마리에게 먹일 약만 있었기 때문에 다음날 그는 20마리 분의 약을 가지고 와서 나머지 양들에게 다시 주었다고 했다. 나는 그에게 어떻게 약을 먹인 양과 안 먹인 양을 구별할 수 있느냐고 물었다. 그는 내가 사람들을 알아보는 만큼이나 자신의 양을 알아볼 수 있다고 자신감에 넘쳐 대답했다.

레스는 현대의 목자들이 4륜 바이크로 언덕에서 양떼를 모는 것을 철저히 무시하는 노땅이다. 그런 식으로 자신의 양을 어떻게 알 수 있느냐고 그는 반문했다.

양이 새끼를 낳을 때가 되면 일단 암양을 농장으로 들여와서 따뜻한 곳에서 출산할 수 있도록 팔을 걷어 부치고 마른 헛간에서 돕는다고 한다. 하지만 가끔 문제가 있어서 암양을 데려오지 못할 때가 있다. (이때는 4륜 바이크가 도입되기 전 일이다.) 그런 일이 생길 때 레스는 그 옆에서 밤새도록 지키고 앉아 할 수 있는 일을 모두 했다고 한다.

봄의 언덕은 밤이 더 멋지다. "어디서 주무시면서 양을 돌보시나요?" 내가 묻자 그는, "참! 암양 옆에서 지켜줘야죠. 깃을 세우고 밤을 뜬눈으로 새우지, 뭐."라고 답했다.

"밤이면 참 외롭겠어요."라는 내 말에 내가 뭔가 착각하고 있다는 듯한 표정을 지었다.

"하루 밤도 혼자 지낼 수 없는 사람은 가여운 사람이지." 그는 잠시 침묵하며 그 당시를 회상했다. 그리고 이렇게 덧붙였다. "주위가 너무 적적해 혼잣말을 하기에도 지치면, 나는 입을 닥치고 주님이 내게 하시는 말씀을 듣는다네."

레스는 정말 당연하다는 말투였다. 아무런 의심이나 주저함도 없었다. 단 일 초도 그는 그 언덕에서 혼자 있었다고 믿지 않았다.

들판에서 하룻밤을 지내는 일이 그다지 끌리지 않는다면, 적어도 하루의 얼마간의 시간은 떼어놓아야 한다. 우리의 바쁜 스케줄에 관해서나, 지불해야 할 금액에 대해, 혹은 남들의 이야기에 대해 염려하지 않을 때, 우리는 우리 자신의 영혼에 중요한 질문들을 할 수 있다. 그런 다음에는 … 쉬~ … 그냥 들어야 한다.

이제 레스는 그보다도 더 자신의 양들을 잘 아는 그 위대한 목자에게 돌아갔다. 나는 그분들이 결코 서로 떨어져본 적이 없었던 것처럼 대화를 하고 있을 것이라고 확신한다.

내 아내의 삼촌은 아주 먼 조상 때부터 농사꾼 집안 출신이다. 가족 모임에서 그는 자신의 아버지인 제임스에 대해 이야기해 주었다. 이제 그 이야기꾼의 역할을 내가 맡으려 한다.

제임스의 가족은 스코틀랜드 언덕의 큰 농장을 운영하는 작은 돌집에서 살았다. 날마다 해가 뜨면 일찍 그는 들을 넘어 농장을 향해 출발했다.

들판을 넘어 농장으로 가는 길은 공원에서의 산책과는 전혀 다르다. 사람들이 개간하지 않은 들판은 풀이 무성했고 발목이 긁히지 않고는 걸을 수 있는 상태가 아니었다. 만약 그 들이 쟁기질이 된 밭이라면 소들이 밟고 다녀 진흙탕을 만들어 놓기도 하고 피하고 싶은 것들을 풀밭에 떨어트려 놓기도 한다.

하지만 제임스에게 그런 것은 일상이었고, 전혀 개의치 않았다.

어느 봄에 때늦은 눈보라가 몰아쳤다. 밤새 바람이 떼 지어 다니는 승냥이의 울부짖음 소리를 내었고 눈은 계속해서 내렸다. 다음날 아침 제임스가 내다보니 사방이 1미터가 넘는 눈에 온통 뒤덮여 있었다.

당신이나 나라면 그냥 침대로 돌아가고 말았을지 모르지만, 제임스는 양들을 보살펴야 했고, 그러기 위해 반대편 농장으로 가는 일을 포기할 수 없었다. 하지만 발만 갖다 대면 푹푹 빠지는 눈길을 뚫고 멀쩡히 그곳에 갈 수 있는 가망성은 도저히 없어 보였다. 그러나 쉽게 포기를 모르는 사람인 그는 어떤 방법이 있을지 찾기 시작했다. 그러자 그는 그 상황을 조금 달리 보게 되었다.

들판의 둘레를 치고 있는 산사나무 생울타리는 촘촘하고 튼튼했다. 눈이 그 울타리를 가득 채워놓았고, 추위로 인해 그 눈이 얼어 단단해져 있었다. 제임스는 문 위를 통해 위로 올라가 보았다. 맨 위에서 한 걸음 내디뎌 자신의 몸무게를 울타리 위에 실어 보았다. 단단했다.

그래서 그는 얼마나 갈 수 있을지 걱정하며 출발했다.

그 눈으로 꽁꽁 얼은 울타리는 제임스가 걸어가기에 최상의 길로 판명되었다. 들판의 가장자리를 돌아 이쪽 울타리에서 저쪽 울타리로 발을 대디며 간 제임스는 일을 할 시간을 충분히 남겨둔 채로 밭에 도착할 수 있었다.

평소 같으면 가시 돋쳐 도저히 뚫을 수 없을 것 같은 방해물이 제임스의 목적지로 향하는 최상의 길이 된 것이다. 불가능해 보이는 과제가 더 쉬운 (그리고 더 재미있는) 길이 되었다. 일을 마친 그는 같은 방법으로 무사히 집으로 돌아왔다.

인생은 우리에게 여러 길을 제시하며 때로는 멋진 장소로 데려가겠다고 말한다. 하지만 우리가 가야할 곳은 단 한 군데이다. 그리고 그곳으로 가는 길은 유일하다.

어쩌면 당신이 기대하지 않았을 그 길이 당신 앞에서 기다릴 수도 있다. 그 길은 힘든 길일 수도 있지만 당신이 최악의 어려움을 견디도록 지탱하고 넘어갈 수 있게 할 것이다.

자, 당신이 가진 선택을 조금 다르게 바라보라. 그리고 그 새 길을 향해 걸어가라.

"어머, 와서 이것 좀 보세요." 줄리가 말했다.

우리는 에든버러의 스코틀랜드 박물관을 관람하던 중이었다. 솔직히 나는 전시품들의 호화로움에 눈이 팔려 하마터면 이 작은 공예품을 놓칠 뻔 했다.

그것은 작은 석탄 덩어리였다. 그런데 그것이 왜 박물관에 놓여 있냐고? 글쎄, 이 작은 석탄 덩어리는 잘 다듬어져서 작은 성경책의 모양으로 조각되어 있었다. 어떻게 석탄으로 성경을 만들었지?

아마 이 조각품을 만든 사람은 자신이 사용할 수 있는 것이 바로 이 석탄뿐이었을 것이다. 이 알려지지 않은 신앙인은 1930년대 리투아니아 사람으로, 러시아의 박해를 피해 서부 유럽을 거쳐 스코틀랜드로 건너와 뉴톤그랜지에 있는 레이디 빅토리아 석탄광산에서 일하게 되었다.

레이디 빅토리아는 그 당시 영국에서도 가장 깊고, 작업 환경이 험하기로 유명했다. 수도 없이 물이 넘치고 웅덩이에 빠지고 그 구덩이에서 정기적으로 사람들이 죽어 나갔다.

하지만, 그런 조건에서도 이 남자는 성경을 만들었던 것이다.

이 이야기를 왜 하느냐고? 음, 그것은 만약 당신의 신앙에 공격을 받게 될 때, 혹은 집에서 멀리 떨어져 가족을 다시 만날 희망도 없이 낯선 사람들과 살고 있을 때, 그리고 지쳐 빠질 때까지 지구에서 가장 어두운 동굴에서 계속된 위험에 처해 있을 때, 거기에도 하나님이 계시며, 당신을 기다리고 계신다는 사실의 증거가 되기 때문이다.

이 이야기는 자신이 '검은 양'(대다수가 흰 양들 가운데에서 두드러진 외톨이-역주)이라고 생각하는 사람을 위한 것이다.

지미 윌슨은 평생 목동으로 지냈다. 그리고 목동의 아들이었으며, 또 목동의 손자이기도 했다. 나는 그가 죽기 일 년 전에 그를 만나 그의 인생 역정을 듣는 행운을 얻었다.

스코틀랜드 언덕의 겨울은 지독히 춥다. 눈이 오면, 모든 것이 정지된다. 하지만 지미가 자신의 가축을 데리러 언덕에 나가지 못하면 정말 상황이 어려워진다!

지붕의 들보가 눈의 무게로 삐거덕거리는 소리를 들으며 밤을 보낸 지미가 아래층 창문을 열자마자 아니나 다를까 눈이 쏟아져 들어왔다.

지미는 간신히 눈을 파내며 집 밖으로 나와 개와 함께 양이 어떻게 되었는지 살펴보러 나섰다. 그는 양들이 가만히 있어서 멍청한 짓을 하지 않았기를 바랄 수밖에 없었다. 양들이 서로 모여 뭉쳐 있었다면 추위를 피할 수 있었을 것이다.

다른 농부들도 지미와 합세하여 언덕배기를 훑고 다니며 양떼를 찾았다. 땅의 모양이며 개울 그리고 바위들이 모두 하얀 눈의 양탄자를 뒤집어쓰고 있어서 거기서 양을 찾는 일은 불가능해 보였다. 눈에 익은 지세가 눈에 덮여 있으니 전혀 새로운 지형을 뒤지는 꼴이었다.

게다가 한겨울의 해는 짧아 곧 지친 하루의 해가 넘어가려 하고 있었다. 바로 그때 지미는 햇빛을 반사하는 백색의 눈 위에서 작은 두 개의 검은 점을 발견했다. 그것들은 바위일 수도 있었지만, 아닐 수도 – 그래, 맞았다. 그것들은 귀, … 검은 털이 있는 귀였다!

지미와 그의 친구들은 자신들이 찾고 있던 양떼들 위를 걷고 있었던 것이다. 한 마리의 작은 검은 양은 눈이 쌓여가자 더 높은 땅으로 올라갔고, 이제 더 이상 갈 데가 없자 그냥 거기에서 서서, 다른 양들을 뒤덮어 버린 그 눈이 자신의 무릎에 차고, 배에 차고 또 목에 차고, 마침내 짧은 귀에서 멈출 때까지 서 있었다.

지미는 눈 속에서 양을 들어내었고, 다른 농부들은 양 무리를 꺼내기 위해 눈을 파는 작업에 들어갔다. 한밤이 되어 그들은 약 200마리에 가까운 양들을 구해낼 수 있었다. 단 계곡에 떨어진 단 한 마리만 제외하고는 모두 무사했다.

만약 그들이 어두워질 때까지 그 양들을 구하지 못했다면 그 눈 속에서 또 하룻밤을 견딜 수는 없었을 것이다. 그때까지 양들은 털이 있었기 때문에 체온을 유지하고 털 사이에 저장해둔 공기로 숨을 쉴 수 있었다.

그 작은 두 개의 검은 귀가 지미와 그 친구들이 다른 곳으로 가지 않도록 했다. 만약 그 귀가 보통 양처럼 흰색이었다면 지미는 아마도 눈 속에서 구별해내지 못하고 다른 곳으로 가고 말았을 것이다.

만약 당신이 '검은 양'이라고 생각하거나, 다른 누군가가 그렇다고 생각한다면, 그것은 아직 자신의 때를 맞이하지 못한 선물임을 기억하라. 하나님은 이유가 있어서 당신을 그러한 방식으로 만드셨다. 어느 날, 당신을 다르게 만든 바로 그것이 정확히 필요한 것이 될 것이다.

월터는 내가 천국의 리허설을 경험하게 도움을 준 사람이다.

그는 내가 웨이사이드 센터에서 근무할 때 내 직장 상사였다. 그곳은 내가 일했던 직장 중에서 최고로 좋고, 또 급여도 좋으며, 사람들을 도울 수 있는 기관이었다.

하지만 기대와 달리 그곳에서의 일은 뜻대로 되지 않았다. 하지만 지금 할 얘기는 그런 사정과는 별개이다.

월터는 장식이 잘 된 지팡이를 짚고 다니는, 매력적이며 견실한 노인이었다. 그는 자신의 그런 신체적인 핸디캡도 늘 친구처럼 생각했다.

그는 나를 항상 '아들'이라고 불렀다. 그에 맞추어 나도 그를 '아버지'(스코틀랜드의 억양을 실어)라고 부르기 시작했다. 그는 정말 나에게는 두 번째 아버지가 같았다. 그는 내 결혼식에도 부부가 함께 참석해 주었으며, 그 답으로 나와 줄리를 자신의 50번째 결혼기념식에 초대했다.

그런데 문제는 그 파티가 웨이사이드 센터에서 열리는 것이었다. 그곳은 내가 그 전년에 사직 혹은 해고된 곳이었다.

하지만 나는 안 갈 수가 없었다.

우리는 차가 밀려 약 15분이나 늦게 도착했다.

파티는 센터 뒤에 있는 홀에서 열리고 있었다. 줄리와 나는 초조하게 회전문으로 다가가서 힘껏 밀었다. 그리고 문을 배꼼 열고 안을 살짝 보았다. 사각의 홀 전면에 모두 식탁을 진열해두었다. 나는 내가 전에 잘 지내지 못했던 이사들 몇 명과 잘 알지 못하는 사람들을 여럿 볼 수 있었다. 그리고 문에서 제일 멀리 떨어진 곳의 그 맨 위 테이블에 월터와 그 아내 그리고 자녀들과 손자들이 있었다.

좋아, 더 이상 망설이지 말자. 나는 문을 열고 살짝 들어가려 했다. 나는 다른 사람들을 필요 이상으로 방해하지 않으려고 몸을 굽히고 우리 자리를 찾았다. 모든 테이블에 이름표가 있었는데, 내 것은 어디에도 찾을 수가 없었다.

그때 월터가 홀에 다 들리도록 소리 질렀다. "헤이, 아들! 이리 오게!"

'음, 이젠 가서 늦은 것에 사과를 할 수 있겠군.' 하고 나는 생각했다. 하지만 월터는 아무 것도 들으려하지 않았다. 다만 그는 나를 안아주고 내 아내에게 키스를 하고 웨이트리스를 불러 우리 주문을 받게 했다. 그리고는 "앉게."라고 하면서 자신의 탁자에서 두 개의 빈 좌석을 가리켰다. 나는 그가 그냥 우리를 끼워 넣어주려고 하는 줄 알았다. 하지만 아니었다. 우리 이름이 적힌 카드가 바로 거기 있었다.

와!

집에 돌아오면서 나는 천국에 대해 생각지 않을 수 없었다. 내가 천국의 문에 도착하면 나는 내가 거기에 있어도 되는 사람인지 자문하면서, 누군가가 실수를 한 것 아닐까 초조해할 것이다. 내 자신의 모습이 그려진다. 문을 살짝 빠끔 열고 들여다본다. 그리고 멋쩍게 주님을–나를 초청하신– 본다. 그분이 나를 올려다보시며 이렇게 말하실 것이다. "헤이, 아들! 여기야!"

그러면 나는 그 맨 위 탁자에 앉아서 그의 진정한 가족이 되어, 월터에 대해 생각할 것이다. 그리고 나는 그의 손을 잡으며–왜냐하면 그도 그곳에 있을 것이므로– 이렇게 말할 것이다. "월터 … 아버지 … 연습 게임을 시켜줘서 고마워요."

귀가 축 처지고 눈빛이 별로 밝지 않은 늙어빠진 개인 머핀은 물건을 잡으러 가는 일을 즐기지 않는다. … 아마 그래서 자라(머핀에 비해서는 새끼나 다름없는)는 자기가 가지고 놀던 공을 놓고 풀밭에 냄새를 좀 맡으러 갔다 와도 별 일 없으리라 생각했던 것 같다.

뽐내며 걷던 머핀은 그냥 지나치는 듯 하더니 공을 집고는 아무 일도 없었다는 듯이 계속 걸었다.

놀란 자라가 그를 쫓았지만, 머핀은 그 눈길을 무시하고는 계속 걸었다. 그러자 자라는 좀 위협적인 행동이 필요하다고 판단을 했다.

자라는 머핀에게 달려들었지만 그래봐야 머핀은 아주 잠시 방향을 바꾸기만 했다. 그 잠시는 자라가 실제로 머핀을 공격하기에는 너무도 짧은 순간이었다.

몇 번 이 일이 더 있자, 머핀은 더 이상 참지 않았다. 그는 공을 자신의 앞발 사이에 조심스럽게 놓고는 단 한 번 짖고 다시 집어물고 걷기 시작했다. 자라는 쉽게 물러서려 하지 않았다. 자라는 공격을 계속했다. 머핀은 다시 공을 내려놓고 짖었다. 자라가 그에게 달려들었다. 그런 일이 반복 되었다.

그러자 짜증이 난 머핀은 두 번 짖었다.

몇 초 후에는 세 번 짖게 되었고, 자라는 그 순간 머핀의 발에서 공을 낚아채갔다.

여기에 놓치기 쉬운 교훈이 있었다.

머핀은 공을 가지길 원했지만, 그가 하고 싶은 다른 일, 개인 자신의 본성을 만족시킬 일을 하기 원했다. 그는 잠시 동안은 그 두 가지를 모두 할 수 있었다. 하지만 …

나에게 그 작은 공은 신앙에 대한 은유이다. 우리는 가능하면 가까이 그리고 늘 우리의 믿음을 지키길 원한다. 하지만 세상이 정말 우리를 괴롭힐 때, 우리는 잠시 우리의 자선과 사랑을 옆에 내려놓는다. 잠깐이지만 우리는 세상이 우리에게 주는 일부를 세상에게 준다. 그리고 다시 우리 믿음을 집어 들고 괜찮을 것이라고 생각한다.

머핀은 짖고 나서 공을 다시 집었지만, 더 많이 짖고 나니, 이제 그가 가진 것은 짖는 일뿐이었다.

그러면 우리는 무슨 일을 할 수 있을까? 다른 사람들이 우리의 점수를 다 가져가는 동안 침묵하고 있을 것인가?

말하기도 어렵고, 듣기도 어렵지만, 그렇다! 바로 그것이 우리가 할 일이다! 인생은 당신을 향해 덤벼들 것이며, 사람들은 당신에게서 점수를 앗아갈 것이다. 하지만 그것이 끝에는 별 문제가 되지 않는다는 것을 얼마나 잘 알고 있느냐는 당신의 믿음을 측정해 주는 바로미터가 될 수 있다.

당신은 세상과 게임을 할 수 있고, 아마 한동안은 잘 해나갈 수도 있다. 하지만 그것은 힘겨운 대결이다. 결국에 당신은 질 수밖에 없다. 나는 그 늙은 개가 자신의 발 사이를 내려다보며 이제 더 이상 거기에 아무 것도 남아있지 않음을 발견하고 난 후의 낙망한 표정을 기억한다.

그러나 감사하게도 당신이 이길 수밖에 없는 게임이 또 있다.

당신은 전 인생을 통해 그리고 그 너머에서까지 사랑과 인자 그리고 믿음을 자신의 가까이에 잡고 있을 수 있다. 당신이 할 수 있는 일은 당신이 어떤 게임을 하고 있는지 기억하는 것이다.

세상이 당신을 향해 달려들 때 마주 짖지 말라. 그냥 계속해서 걸어가라. 공을 떨어트리지 말고.

나는 온라인으로 일한다. 그리고 그곳에는 바이러스가 산다. 나는 돈을 지불하고 백신을 설치했다. 그래서 나는 바이러스로부터 보호되었다. … 너무나 잘 보호되어 작업을 할 수가 없을 지경으로.

나는 도움을 청하는 것에 익숙지 않은 사람이다. 하지만 이 경우 할 수 없이 백신 회사에 도움을 요청하는 전화를 하지 않을 수 없었다.

전화 응답자는 몇 가지 제안을 했지만, 나는 짜증스럽게 그건 이미 다 해보았다고 말했다. 하지만 그는 아무튼 다시 해보라고 했다. 슬슬 화가 나기 시작했다.

"흠," 그가 말했다. "아무래도 전문가에게 넘겨 드려야겠네요."

제임스 굿펠로우는 전문가였다. 그는 자신이 내 컴퓨터를 보아야겠다고 했다.

절대 안 되지, 라는 것이 내 첫 번째 반응이었다. 하지만 나는 어쩔 수 없이 그가 시키는 대로 명령어를 쳐서 넣었다. 화면이 파랗게 바뀌더니 내 컴퓨터 안으로 제임스가 들어왔다.

나는 잠시 공황상태에 빠졌다. 수백 마일 떨어진 그곳에서 제임스가 내 폴더를 뒤지기 시작했다.

왜 그렇게 염려하냐고? 이런 식으로 생각해보라. 당신이 한 시간 동안 집을 비우면서 낯선 사람에게 집 열쇠를 맡기면 얼마나 마음이 편하겠는가?

잠시 아무 일도 일어나지 않는 것 같은 순간 나는 유혹을 이기지 못했다. 커서를 움직여 파일 하나를 열었다. 하지만 그는 바로 그 파일을 닫아 버렸다.

제임스는 이름값을 했다. 이 '굿펠로우'(goodfellow-좋은 친구)는 자신이 필요로 하는 곳은 다 다녔다. 20분이 지나 문제는 해결되었다. 나는 보호되었고 또 컴퓨터도 작동되었다. 그는 나에게 인사를 하고는 내 컴퓨터에서 나갔다.

나는 내가 능력 있는 사람이라고 생각하고 싶다. 내 자존심을 접고, "나는 못하겠어요."라고 말하는 것은 정말 싫다. 하지만 내가 아직도 그 문제에 매달려 있다면, … 음, 아마 이 이야기를 전하지 못할 것이다.

대신, 나는 내 문제를 넘겨주었다. 제임스는 내게 순종을 요구했고, 내가 익숙하지 않은 길로 가게 했다.

내가 마음대로 하고 싶어 할 때, 은유적으로 말하자면, 그는 내 팔목을 살짝 때리고는 다시 통제권을 가져갔다. 결국 비록 내가 혼란스럽고 무슨 일이 벌어지는지 모르지만, 제임스는 나를 더 나은 곳으로 데려다 놓았다.

컴퓨터는 이 거대한 계획에서는 아주 작은 것이다. 하지만 그와 마찬가지 원칙이 실제 삶에서도 적용된다. 우리 모두는 우리가 내 삶의 통제권을 쥐고 있다고 생각하고 싶다. 하지만 누구도 모두를 내 자신의 뜻대로 할 수는 없다. 어려운 순간이 오면 우리는 내 자신에게 의지하고 싶은 유혹을 받는다. 하지만 그래봐야 영원히 그 문제에서 빠져 나올 수가 없을 것이다. 때로 우리는 하지 말아야 한다는 것을 알면서도 그 일을 하려는 유혹을 받는다. 그 유혹에 넘어가 인생이 우리 앞에서 문을 닫아버릴 때 비로소 놀란다.

시스템을 설계한 사람은 우리가 아니다. 우리는 어떤 '바이러스'가 있는지 모른다. 우리는 필요한 보호가 무엇인지도 모른다. 우리는 어떤 복잡한 루트들이 결국에는 모든 것이 잘 해결될 길인지 모른다. 그래서 우리는 할 수 있는 최선, 즉 그냥 놓아두는 일을 해야 한다.

우리가 설계자의 지시를 따른다면, 위대한 전문가의 말에 귀를 기울인다면, 목적지에 도달할 것이다.

우리가 그냥 하나님이 하시도록 놓아두기만 한다면.

제6장

그 종들과 결산하는 어떤 임금과 같은 것

그러므로 천국은 그 종들과 결산하려 하던 어떤 임금과 같으니
마태복음 18장 23절

왕은 자신의 돈을 회수하려 종들을 불러 놓고 빚진 돈을 갚으라고 명령했다. 그중 한 종은 엄청난 액수−만 달란트−를 빚지고 있었는데, 왕이 그 돈을 내어 놓으라고 요구한다. 그것도 당장!

그 종이 받았을 압박감은 마지막 파산을 맞은 사업가를 생각해보면 상상이 될 것이다. 바로 지금! 물론 당신에게는 그런 돈은 현재도 없고, 앞으로도 없을 것이며, 갚을 수 있는 방법도 없을 것이다.

종은 빚을 갚을 시간적 여유를 달라고 애걸했지만 실제로 그에게는 빚을 갚을 수 있는 방법은 없었다. 그런데 빚을 갚지 못하면 그 종과 가족을 노예로 팔아버리라는 명령을 내렸던 왕이 왠일인지,

"좋아. 그러면 없던 일로 하지."라고 하면서 그 빚을 완전히 탕감해 준다. 그 종은 깜짝 놀라면서도 크게 안심하였다.

헌데, 이 종은 밖으로 나와서 훨씬 작은 액수의 금액을 자신에게 빚 진 동료 종을 찾아갔다. 이 다른 종이 자신의 빚을 갚지 못하자 감사를 모르는 종은 화가 나서 그의 목을 졸랐다. 왕은 이 소식을 전해 듣고 분노했다. 그리하여 그 은혜를 모르는 종을 '옥졸'에게 넘겼다.

자, 현실적으로 생각해보자. 우리는 하나님이 우리에게 해주신 그 모든 일들을 결코 되갚을 수는 없다. 그분은 전혀 값없이 우리를 용서하시지 않았는가! 우리는 아마 그분이 우리에게 해주신 일들 대부분은 알지도 못할 것이다. 하지만 모든 빚을 탕감해준 왕과 같이, 우리 하나님은 이렇게 말씀하신다. "걱정하지 마라. 이미 그 빚은 갚았고 나는 그에 대해서 잊었으니."

그렇다고 그것이 하나님이 빚 갚음에 대해 관심이 없으시다는 말은 아니다. 그분은 그저 그 빚을 받기를 원치 않으시는 것뿐이다. 하나님은 그분이 우리의 빚을 용서하신 것같이(주기도문을 풀어 말하자면) 우리에게 빚진 자를 용서하는 것으로 우리 자신의 빚을 갚기를 원하신다.

누군가가 이렇게 말한 적이 있다. "용서는 관계 형성이 이뤄지도록 붙여주는 풀이다." 어쩌면 우리는 하나님과 인간 그리고 우리 자신과 다른 사람들 사이의 깨어진 관계를 고쳐주는 용서라는 풀을 사용할 수 있어야 한다. 그럴 때 우리는 천국과 이 땅을 함께 묶는데 조금이나마 일조를 하는 셈이다.

그리 오래 되지 않은 일이다. 그다지 유쾌하지 않은 과거의 한 사람을 우연히 만난 것이다.

'제임스'는 나보다 몇 살 더 나이가 많았다. 그는 나와 내 형제자매들이 어렸을 때 우리를 못살게 굴었었다. 세월이 한참 지나 우연히 만나게 된 그는 간이판매점에서 뭔가를 사서 지불하기 위해 잔돈을 세고 있었다.

그다지 순탄하지 않은 인생이었던 것 같아 보였다. 나는 그를 지나치면서 그에게 들키지 않게 슬쩍 곁눈질로 사태를 관찰하였다. 내 속마음은 그가 지불할 돈이 모자라 낭패를 당하기를 바라고 있었다. 그거 쌤통이군.

그 순간 뭐라고 설명할 수 없는 어떤 힘이 나를 멈춰 세웠다. 나도 모르게 한때의 박해자였던 그에게 몸을 돌려 미소를 지으며 인사했다. "안녕!"

제임스는 내 얼굴을 기억하지 못하는 것이 분명했다. 당황하는 표정이었다. 유년 시절의 허세는 완전히 사라지고 없었다. 그는 미소를 지으며 황망히 마주 인사를 했다. 나는 싫은 마음을 억누르고 그에게 무슨 일이냐고 물었다. 물건 값을 지불할 잔돈이 조금 부족하다는 그의 설명에 나는 주머니를 뒤져 부족한 금액을 맞춰 주었다. 그리고 그에게 인사를 하고 다시 내 갈 길을 갔다.

나는 누구에게 내 자신의 선함을 증명하려 한 것은 아니었다. 나는 그가 오래 전에 나에게 했던 잘못에 대해 미안한 마음을 가지게 하려던 것도 아니었다. 인생이 그 사람에게 보다 내게 더 친절한 것 같아 보인다는 사실을 그가 깨닫게 하려는 것도 아니었다.

그럴 마음은 전혀 없었다.

그는 내가 그 오랜 시간이 지난 후 마침내 그를 용서했다는 사실을 알지 못할 것이다. 하지만 나는 이 사건 이후로 그를 용서했다. 그리고 이제 고백하지만, 전혀 예상치 못하게, 기분이 좋아졌다!

중세의 가장 유명한 순례길 중의 하나는 파리에서 스페인의 산티아고로 가는 약 900마일(1448킬로미터 정도)의 길이다. 이 순례의 행로에 관해서는 2010년에 에밀리오 에스테베즈(Emilio Estevez)가 감독한 〈길(The Way)〉에 잘 그려져 있다. 그 영화에서 에스테베즈의 아버지인 마틴 쉰은 아들과의 유대감을 찾기 위해 그다지 내키지 않던 순례자의 역할을 맡게 된다.

영화는 그 순례의 길 도상에서 펼쳐지는 아름다운 풍경을 보여주지만 유명한 '용서의 문'(Door of Pardon)에 대해서는 언급이 없었으므로,

여기에서 소개하고자 한다.

여행을 마치는 순례자들은 확실하게 축복을 '보장' 받지만, 그 축복을 얻기 위해 그들은 다방면의 노력을 기울여야 했다. 하지만 일단 길을 나섰다고 모든 사람이 순례를 끝까지 마칠 수 있는 것은 아니다.

몇 달 여행을 하다보면 지친 순례자들이 마지막 그리고 가장 힘든 코스에 도달하게 된다. 칸타브리아 산맥으로 올라가는 길이 바로 그곳이다. 여기까지 힘겹게 순례의 길을 왔던 순례자에게 이 마지막 고비는 그들에게 남아 있는 힘의 그 이상을 요구한다.

그래서 올라가는 시작 부분에는 '용서의 문'이라는 별로 눈에 띄지 않는 작은 건물이 있다. 그 문을 통과하여 반대쪽으로 나가면 더 이상 순례를 지속할 수 없는 사람들에게도 여행을 마치고 난 후에 받을 바로 그 축복이 주어진다.

인생이란 우리의 순례를 누구나 마치지는 못할 것이다. 하지만 하나님은 우리 마음속의 사랑을 측정하시고 그것을 우리 다리가 가진 힘보다 더 귀하게 여기신다. 용서는 예수님이 우리의 '용서의 문'이 되심을 의미한다. 우리가 해야 할 일은 그저 올바른 길로 우리 자신을 들여 놓는 것뿐이다.

그래, 나는 오늘 아침 한 생명을 구했다.

그건 작은 녹색의 생명이긴 하지만 아무튼 생명인 건 맞다.

줄리에게 잘 다녀오라는 인사를 마친 다음이었다. 아내는 버스에 올라 직장으로 가고 나는 우리 집 애완견 자라를 산책시키며 집으로 돌아오는 중이었다. 비가 아침 내내 내리고 있었다. 주룩주룩 내리는 비였지만 홍수를 걱정할 그런 비가 아니라 세상을 깨끗하게 씻어주고 상쾌한 향기를 머금게 만드는 그런 종류의 비였다.

막 버스에서 내린 한 여자가 내 앞에서 길을 건너가려다가, 멈칫거렸다. 도로 위에 뭔가를 발견했나 보았다. 그녀는 그것과 마주치지 않으려는지 돌아서 걸어갔다. 나는 그곳에서 작은 생물이 움직이고 있는 것을 보았다. 2, 3인치 정도 되는 길이의 개구리였다. 그놈은 비에 젖은 아스팔트 위를 넘어가고 있었다. 자신이 있던 풀숲과 울타리를 넘어 러시아워의 수많은 차들이 마구 달리는 넓은 도로를 향해 오고 있었다.

폴짝 … 멈칫. 폴짝 … 멈칫. 폴짝 … 멈칫.

개구리랑 놀 나이는 벌써 지났고, 게다가 바쁜 하루의 일정이 앞에서 기다리고 있지만, 그래도 …

개구리는 아스팔트에서 차막이돌로 올랐다. 다음 한 번 뛰고 나면 바로 그 넓은 도로이다.

폴짝. …

그 양서류는 내 신발의 측면에 부딪쳐서 뒤로 떨어졌다. 그 작은 생물은 움찔하고는 아직 방향을 잡지 못한 채였지만 방향은 방금 떠나온 그 방향–안전한 방향–으로 몸을 돌리게 되었다.

이제 어떻게 될지 지켜보았다. 개구리가 길을 향해 가기로 마음을 굳힐 것인가 아니면 나의 부드러운 설득을 받아들일 것인가?

그때였다. 폴짝 … 멈칫. 폴짝 … 멈칫. 폴짝 … 그는 자신에게 닥칠 뻔 했던 운명에 대해서는 무지한 채로 다시 자신이 출발했던 풀숲을 향해 뛰기 시작했다.

나는 개구리가 매우 감각이 뛰어난 생물이라고는 확신하지만 그것들에게 뛰어난 뇌가 있는지는 모른다. 이 작고 푸른 친구는 방향에는 상관없이 그날 아침 그냥 한바탕 뛰고 싶었던 것 아닐까? 하지만 그날 아침 그가 선택한 방향의 결과는 하마터면 그를 거의 끝장낼 뻔 했다. … 그보다 더 위대한 지성(적어도 더 높은 위치에서 보는 관점을 가진)이 끼어들어 그를 구하지 않았더라면.

나는 그의 처지를 십분 이해할 수 있었다. 나 또한 대단한 지성을 가진 사람이 아니며, 인생을 살면서 곧잘 잘못된, 끔찍한 결과를 가져올 수 있는 잠재성이 다분한 방향을 택했다. 하지만 나는 아직 여기에 살아 있고, 그에 감사하고 있다.

내가 정말 회복할 수 없는 길로 가지 않도록 나의 방향을 돌려준 내 인생의 적절한 때에 그리고 적절한 장소에 있었던 여러 사람들에게 크게 감사한다. 생각해보니 누가 그들을 거기에 두었는지 알겠다. 그 작은 개구리가 내가 준 힌트를 알아챈 것처럼 하나님의 힌트를 내가 항상 잘 깨달았던 것도 아니었다. 하지만 그래도 나는 여전히 노력한다.

나는 누군가 나보다 더 높은 관점을 가진 사람이 내가 잘못된 방향으로 너무 멀리 뛰려고 할 때 나를 막아서서 나의 방향을 바꾸어 주고 나를 안전한 내 연못으로 되돌아가도록 안내해줄 것이라고 믿고 또 바라며, 여전히 폴짝폴짝 인생의 뜀뛰기를 할 것이다.

나는 최근 영국의 요크(York) 지역으로 돌아왔다. 요크 지방청의 뜰에는 한 눈에 보기에도 로마인으로 보이는 조각상이 있다. 심지어 눈과 먼지가 상당히 앉아 있어도 나는 그 인물을 알아보았다. 그것은 콘스탄티누스 대제라고 알려진 로마 황제였다. 그는 아마 자신이 특별하다고-그리고 사실 여러 가지 면에서 그는 특별하기도 했다-생각했을 것이다. 로마의 황제로서 그는 당시 세계에서 가장 중요한 사람이었다.

하지만 그의 어머니인 헬레나는 아들을 사랑하기도 했지만, 자신의 아들을 남들과는 조금 다르게 보았다. 콘스탄티누스는 황제로서는 가장 처음으로 그리스도인이 되었지만, 그는 '그리스도인'이라기보다는 '황제'에 더 가까웠다.

콘스탄티누스의 삶에 큰 영향을 미친 그의 어머니는 아들을 위한 기도문을 작성했다. 이블린 와프(Evelyn Waugh)라는 저자가 쓴 1950년 소설 ≪헬레나(Helena)≫에서 보면 그녀의 간구는 많은 면에서 놀랍다. "그도 역시 마지막이 오기 전에 볏짚 옆에서 무릎 꿇을 자리를 찾을 수 있게 하소서. 황제가 완전히 소멸되지 않도록 그를 위해 기도합니다."

헬레나가 말하는 '볏짚'은 2,000년도 넘은 예전 아기 예수님이 누워 계시던 구유를 말하는 것이며, '완전히 소멸'이라고 했을 때 그것은 육체만을 의미한 것이 아니었다. 헬레나는 세상의 지배자가 된다고 해서 자신의 아들이 천국에 자리를 보장 받는 것은 아니라는 것을 잘 알았던 것이다.

돈이나 지위로 하나님의 눈에 들 수 있다는 자기기만에 빠지지 말자. 반대로 세상의 기준으로 보면 아무 것도 아닌 것이 주님의 마음에 전부가 될 수 있다.

결국 마지막 때에 가장 중요하게 될 것은 우리가 뭔가 특별한 사람이 되려고 보낸 시간이 아니라, 하나님 없이는 아무 것도 아닌 것으로 우리 자신을 보는 그 시간, 볏짚에서 무릎을 꿇고 지내는 그 시간이 될 것이다.

샌디는 그동안 자신이 탔던 갖가지 차에 대한 추억담을 푸짐하게 들려주었다. 처음으로 샀던 차는 여자 친구에게 잘 보이기 위한 것이었으며, 짐을 싣고 다니기 위해 픽업트럭도 몰아본 적이 있고, 돈을 벌어 구식이지만 롤스로이드를 산 적도 있었다. 샌디가 샀던 그 롤스로이드는 자신의 수명에서도 마지막 때를 보내고 있었지만, 그 몇 달간 그는 그 차를 타면서 왕이 된 것 같은 기분을 느꼈다고 했다.

샌디는 차를 좋아했지만, 그 차에 얽힌 추억은 다소 슬픈 것이었다. 어느 겨울 밤, 그는 부모님을 모시러 차를 몰고 나갔다. 부모님은 그가 산 롤스로이드를 아직 보지 못했기 때문에 차를 보면 감격스러워할 것이라고 그는 내심 기대를 하고 있었다. 하지만 그가 도착했을 때 부모님은 서로 말다툼을 하고 있었고, 집으로 돌아오는 길 내내 싸움이 이어졌다. 그들은 자신이 무슨 차를 탔는지도 몰랐다. 사실, 샌디를 알아보지도 못한 것 같았다.

황량하고 물도 없으며 살갗이 타버릴 정도로 덥거나 모든 것이 얼어붙게 추운, 태양의 주변을 도는 다른 행성들에 비해 우리 지구는 우아한 품격 있는 별이다. 특별히 밝은 봄날 아침은 더욱 그렇다.

첫 봄에 대해 창세기는 이렇게 기록하고 있다. "땅이 풀과 각기 종류대로 씨 맺는 채소와 각기 종류대로 씨 가진 열매 맺는 나무를 내니 하나님이 보시기에 좋았더라"(창 1:12).

우리 자신의 논쟁과 자기의 이익에 갇혀서 우리가 얼마나 좋은 곳을 여행하고 있는지를 놓치지 않도록 하자. 이 지구는 행성들 중에서 롤스로이드이며, 하나님은 그 운전자 되신다. 그러니 그 차에 타게 된 기분을 만끽하자.

그 남자의 목에는 집에서 한 듯한 문신이 이렇게 새겨져 있었다.
"내 인생은 난장판!"
으스스하였다. 그 문신한 남자는 학교 콘서트에서 내 옆에 앉아서 자신의 아이를 향해 그 홀의 여느 학부모만큼이나 열렬히 박수를 쳐대고 있었다.

그러고 보니 실상 생긴 것처럼 삶도 난장판인 사람은 아닌 모양이었다.

누구나 흠이 있고 남에게 들키고 싶지 않은 단점과, 한때는 우리가 다 알고 좋다고 생각했던 것들이 이제는 아주 수치스러운 일이 된 경우를 가지고 있다. 그것들 모두 그 문신처럼 눈에 보이지도 않고, 어떤 것들은 너무 깊게 숨겨져 있기 때문에 사실 더 큰 피해를 유발할 수도 있다.

"내 인생은 난장판!"이란 문신에 해당하는 자신의 약점은 무엇일까?

우리가 다 알지는 못하지만, 우리가 그렇게 확신했던 결정들이 항상 최선이었던 것은 아님을 깨닫게 되는 때가 온다. 그러한 때에 우리는 우리가 중심이 아니라 하나님이 중심이라는 사실을 직면해야 한다.

우리 삶의 통제권을 하나님께 넘겨 드리고 나면 많은 축복이 있다. 그중에서 가장 큰 축복은 우리의 흠이 주님에게 가면 깨끗해진다는 것이다. 당신이 하나님께 구한다면, 그분은 당신의 영혼을 깨끗하게 닦아주시고 새로 수치심에서 자유로운 출발을 하게 하신다. 이 일에서 제일 좋은 점은 레이저 시술도 필요 없다는 점!

나는 최근 힐다 플레밍의 성경책을 구입했다.

그 성경의 주인은 아마 더 이상 그 책이 필요 없어졌거나 아마도 그 책의 저자를 직접 만나지 않았을까 짐작된다.

표지의 안쪽에는 만년필로 적은 글이 있다. 그것은 그 성경이 힐다가 '아버지와 엄마로부터' 받은 선물임을 알려 주었다. 나는 이 책을 받았을 당시에 힐다가 몇 살이었을지 추측해보았다. 선물용 글귀에 적힌 날짜는 1927년이었다.

그 페이지의 바닥에는 힐다의 아버지가 딸이 평생 동안 지침을 삼기 바라며 적은 지혜의 말들이 있었다.

힐다의 아버지는 세계 1차 대전에 참전하였으며, 그의 가족은 곧 2차 대전이라는 전쟁의 광풍에 휘말려가게 될 것이었다. 하지만 그가 딸의 성경에 써 놓은 그 말씀으로 아마 그들은 전쟁의 참화를 견딜 수 있었을 것이다. 그 말씀은 우리 신앙의 핵심에 관한 것이었으며, 예배에 대한 상상 가능한 최상의 표현이었다. 그 말씀은 2,000년 전, 1927년, 그리고 오늘날까지 변함없이 있어서, 지금 우리의 삶도 바꿔놓는다.

아버지는 페이지 아래에 간단한 문구를 과감한 필체로 적어두었다. 나는 그가 그 책을 아내에게 부탁하여 힐다에게 선물하기 전에 리본으로 예쁘게 묶어주도록 했을 것이라는 상상도 해보았다.

그렇다면 무슨 말씀이 적혀 있기에 80여 년이 지난 지금, 내가 필요하지도 않은 성경을 사게 만들었을까?

"서로 사랑하라."

어느 날 시내로 걸어가다가 식료품을 쇼핑백에 가득 담고 집으로 가고 있는 한 여자를 만났다. 나를 보더니 그녀는 자신의 짐을 내려놓고는 반갑게 안부를 물었다. 우리는 함께 아는 친구들에 대해 소식을 주고받고, 그녀의 근황을 물었다. 그녀는 잘 지낸다고 했다.

하지만 사실 나는 그녀의 개인적인 집안 사정을 좀 더 소상히 알고 있었기 때문에 조금 더 캐물었다.

그녀는 금방 한숨을 내리 쉬더니 자신의 집에 경찰까지 오게 된 사연과 집안의 기물이 부서진 것이며 손자가 복지 기관의 보호를 받게 되었고, 법정 문제, 알코올 중독 그리고 동기간이 다툰 일에 대해 얘기했다.

마치 구약 성경에서나 나올 법한 이야기였다. 어떤 일들은 도대체가 변하지를 않는구나, 싶었다.

그녀는 눈물을 글썽이며 말했다. "들으셔서 아시겠지만, 우리 가족은 산산이 흩어지게 생겼어요."

우리는 잠시 말없이 서 있었다. 그러자 그녀는 몸을 추스르고는 반듯이 세웠다. "하지만 내가 내 자식들 어깨에 팔을 두르고 있을 수 있는 한은 그런 일은 없을 거예요." 그녀는 선포하듯 말했다.

우리는 몇 마디를 더 나누고 그녀는 자신의 인생, 감정의 전투장인 자신의 집으로 돌아갔다. 나는 거기에 서서 머리를 가로저으며 한 평범한 여인의 사랑의 크기와 결코 무너지지 않는 어머니의 놀라운 힘에 겸손하여졌다.

하나님은 문제 많은 세상에 어머니를 보내신 이유가 있으시다. 우리는 구약이 이야기의 끝이 아니라는 점에 감사할 수 있다. 구약이 있은 후에는 사랑이 우리에게 왔던 것이다!

오, 그날은 기운이 나지 않았다!

나는 지난 며칠 사이에 이 세상에서 내게 가장 중요한 두 사람과 사이가 틀어진 일을 생각하면서 집으로 돌아오는 길이었다.

그들이 직시하지 않으려 했던 일을 굳이 지적한 나의 행동은 옳은 것이었을까? 아니면 아예 내가 틀렸던 것일까?

집으로 가는 길에 잡초가 무성한 공장 부지를 지나게 되었다. 잡초가 자라난 것은 가끔 개를 산책시키거나, 이른 아침이나 저녁 늦게 여우나 사슴이 오는 것 외에는 인적이 드물었기 때문이다.

그곳이 내게는 좋은 기도 장소가 된다.

"하나님, 제가 그렇게 나쁜 사람은 아니라고 생각하신다면, 제게 표징을 보여주세요. … 잘은 모르겠지만, 주님이 제 멍청함을 용서하신다는 표징으로 어떤 들짐승을 보여주신다면, 어떨까요?"

그 즉각 나는 바보 같은 기도를 드린 자신을 질책하기 시작했다. 하나님은 그런 일을 하시는 것보다는 다른 일을 하시는 것이 더 … .

그런데 내 오른쪽에 왜가리 한 마리가 길게 자란 풀 속에서 날아오르더니, 그 긴 날개를 몇 번 휘둘러 내 위로 솟구쳤다.

그것만으로는 충분하지 않았던지, 새는 다시 아래로 내려와 우아한 자태로 내 주변을 크고 천천히 원을 그리며 돌았다. 내가 사람이라는 천적임에도 상관치 않는 모습이었다. 그러다가 새는 다시 휙 날아올라 높은 나무 사이로 사라져갔다.

그렇다, 하나님께는 해야 할 더 좋은 일들도 많으시다. 그럼에도 불구하고 하나님은 내 기운을 북돋워주는 일도 소홀히 하지 않으셨다!

글라스고우의 켈빈그로브 미술관에 가면 그곳의 자랑거리 전시품을 반드시 보아야 한다. 그것은 살바도르 달리의 〈십자가의 성 요한의 그리스도(Christ of Saint John of the Cross)〉 그림이다. 글라스고우 시는 달리가 그 그림을 완성한 직후 그 해에 입수했다고 한다. 그 이후, 이 그림은 세계에서 가장 유명한 그림 중의 하나가 되었다.

이 극적이고 강력한 그림에서는 십자가형을 받고 있는 예수님이 그려져 있는데, 그 아래에는 폭풍이 가득한 하늘을 배경으로 갈릴리 바다 언덕에서 일하고 있는 어부들이 보인다. 이 그림을 가까이에서 보면 이상한 점을 발견할 수 있다. 예수님의 손바닥에는 못이 없고, 발도 부러지지 않았으며, 마찬가지로 못에 박히지도 않았다.

달리는 이 그림을 십자가의 16세기 스페인 수도사였던 성 요한의 스케치를 바탕으로 그렸다고 한다. 하지만 정작 그 자신의 영감은 꿈속에서 왔다. 꿈에서 달리는 이미지를 망칠 못과 피가 필요 없다는 것을 알았다고 한다. 하지만 나는 화가가 그런 결정을 하게 된 데에는 다른 무엇인가가 있을 것이라고 생각한다.

차라리 그 이유는 부차적인 것이 아니었을까? 그 그림은 달리에게 그 꿈을 허락한 그 능력이 있으신 예수님은 스스로 십자가 위에 매달리신 것이며, 그래서 우리가 하나님의 용서하심에 그저 접근할 수 있다는 점을 지적하고 있는 것일지도 모른다.

못은 필요하지 않았다. 왜냐하면 … 사랑이 그분을 거기에 매달았기 때문이다.

사랑은 우리에게 가장 좋은 것이거나 우리가 뭔가를 얻을 수 있는 그런 것은 아니다. 대개 사랑을 얻으려면 값을 치러야 한다. 하지만 최상의 사랑은 언제나 쾌히 주어지는 것이다.

예수님은 최상의 사랑이셨으며, 지금도 그러하시다.

내가 어렸을 때 살았던 집 밖에는 내 유년 시절의 중요한 부분을 차지하는 강이 흐른다.

강이야 어디에나 있고, 그다지 대단한 강도 아니었지만, 나는 그 강이 있어 얼마나 좋았는지 모른다. 거기에서 우리는 어른들의 간곡한 만류에도 불구하고 수영을 배웠고, 뗏목을 만들었고, 해적이 되었으며, 그 위에서 전설적인 전투 장면을 연출했다. 겨울마다 우리는 강이 얼기를 손꼽아 기다렸다가 스케이트를 타러 나갔다. 가족들은 강둑에 소풍을 나왔고, 연인들은 강변을 산책했다.

어린 시절이 지나 그런 놀이를 하기에는 내가 너무 커져버린 때에 강은 힘든 시기를 맞았다. 두 해를 연이어 산업 재해가 터져 강이 오염된 것이다. 강에 서식하던 물고기들과 식물들이 떼로 죽어갔다. 오염된 강은 몇 년 동안이나 생물이 살 수 없었다.

강의 오염이 단순한 사고에 의한 것이거나 아니면 정말 악질적인 무책임함(관계된 회사들이 책임을 져야 할) 때문이었거나, 결과는 마찬가지였다.

그렇다면 이 세상의 주인이신 하나님은 이러한 사고에 대한 책임을 그들에게 물으시며, "네가 망쳤으니, 너는 그대로 살아야만 한다."라고 하실까? 만약 하나님이 정말 그러신다면, 우리에게는 희망둘 곳이 없을 것이다. 하지만 하나님의 창조는 그런 식이 아니다.

얼마 전 어머니의 개를 데리고 강변을 따라 걷고 있었다. 비가 많이 내려, 강은 힘차게 흐르고 있었다. 새들은 강둑 나무에서 노래를 부르고, 백조들은 내가 지나가는 것을 물끄러미 보고 있었고, 저 멀리 왜가리는 얕은 물에서 먹을 것을 찾느라 나를 무시했다. 작은 물고기들이 표면에 떠올라 재빨리 물속으로 뛰어드느라고 생긴 물방울들이 튀기는 모습을 보니 아마도 왜가리들은 그날 그다지 배고플 것 같진 않았다.

바로 그때 나는 시간의 작용과 인간의 반성 섞인 조심스러운 관리가 대자연의 일부인 그 강이 기적적으로 회복하게 하는데 도움을 주었음을 깨달았다. 모든 사람의 생각을 내가 대변할 수는 없지만, '대자연'이라고 할 때 나는 실은 하나님의 다른 측면에 대해서 얘기하는 것이다. 그분의 창조는 그 자체로 갱신되도록 설계되어 있으며, 충분한 시간이 주어지면 인간인 우리가 훼손시킨 자연은 다시 회복될 것이다.

추위와 젖은 발, 그리고 내 주변을 뛰어 다니는 흥분한 콜리 견에도 불구하고 나는 그날 아침 위대한 긍정의 순간, 바로 목전에서 재

탄생의 생생한 예를 목격하였다.

그 강의 이야기는 아마도 내 인생의 이야기도 될 듯하다. 여러 번이나 내 자신의 멍청함 혹은 사소한 부주의로 인해 나는 하나님이 내 길에 보내신 축복에 결례를 범했었다. 그것은 마치 강을 더럽힌 오염자들과 마찬가지 행동이었다. 사람들은 나를 남겨두고 영원히 떠나버릴 수도 있었다. 하지만 감사하게도, 그들은 그렇게 하지 않았다.

하나님은, "네가 망쳤으니, 그냥 그 모양으로 살아."라고 하지 않으셨다.

하나님은 내가 과거에 저지른 일에 대해 그리 깊이 생각하지 않으실 것이며, 여전히 나를 사랑하신다. 하나님은 나를 더 좋은 곳에 데려다 놓으셨다.

이 모든 것이 그날 그 강 언덕에서 걷고 있던 내 머릿속—그리고 내 가슴속—을 지나갔다.

강은 나에게 말했다. 우리 모두에게 희망이 있어. 우리의 삶이 얼마나 오염되었는지에 상관없이.

우리 교회의 전 목사님이신 앤드루 목사님은 침착하고 생각이 깊은 분이셨다. 반면에 너무 주저하는 면도 있으셨다. 그는 친절한 마음씨를 가졌지만 언제나 어떤 일을 하기 전에는 모든 각도에서 상황을 고려하고 싶어 했다. 그분을 잘 모르는 사람들은 그를 참여하기를 꺼리는 분으로 볼 수도 있었다. 그건 전혀 그렇지 않았다. …

그 당시 어린 청년의 어이없는 죽음에 교우들은 크게 상심했다. 한 교우의 십대 아들이 자동차 사고로 목숨을 잃었는데, 그 가족들은 아들이 그렇게 된 것에 대해 자신들을 탓하였다. 그 다음 주일 교회는 복잡한 감정의 도가니였다. 말하기 부끄럽지만, 그 와중에도 일부 교인들은 앤드루 목사님이 이 사건에 어떻게 대처하실까 궁금해 했다.

우리는 함께 모여, 안아주고 함께 울었으며, 자리에 앉아 설교가 시작되기를 기다렸다.

그때 어떤 낯선 사람이 들어왔다.

그 청년은 죽은 그 아들과 비슷한 연령대로 보였으며, 상을 당한 가족들이 평소에 앉던 자리로 가서 그들 속에 섞여 앉았다. 모든 사람들이 그가 친구쯤이나 되는 줄로 생각하고 그를 환영했다. 또 그에 답하여 그도 기쁘게 그들과 이야기를 나누었다.

나중에, 죽은 아들의 어머니는 그 청년이 아들의 죽음은 누구의 잘못도 아니라고 자신을 설득했다고 말했다.

그 청년은 자신이 집시인 것과 자기 말이 밖에 묶여 있음을 그들에게 알렸다. 사람들은 그가 농담을 하는 것이라고 생각했다. 하지만 예배가 끝난 후 정말 교회 앞 잔디밭에서 발을 구르고 있는 말을 발견했을 때 그들이 놀라던 모습을 상상해보라!

그 집시는 예배 후에도 가지 않고 남아, 불쑥 세례를 받겠다고 했다.

앤드루 목사님은 대개 세례를 주기 전 몇 달은 아니라도 적어도 몇 주 전에는 미리 계획이 되어 있어야 했다. 하지만 그때만큼은 처음으로 즉시 세례를 시행했다. 슬픔에 차 있던 가족들과 교인들은 그의 가족 대리가 되어 빙 둘러선 가운데 목사님은 한 번도 본 적이 없는 그 청년에게 세례를 주었다.

… 그리고 아무도 그를 다시 만나지 못했다.

말을 타고 떠난 그는 다시는 나타나지 않았다.

이 모든 일이 약 10년 전에 있었다. 앤드루 목사님은 이제 은퇴하셨지만, 최근에 죽은 소년의 어머니를 만났고, 그 두 사람은 그 청년과 그가 가져왔던 평화를 회상했다.

"나는 그가 내게 천사의 역할에 대해 상기시켜주기 위해 우리에게 왔다고 확신합니다." 앤드루 목사님의 말씀이었다.

천사의 역할이라고?

그는 이렇게 설명했다(그리고 나는 그의 설명을 다시 이렇게 옮긴다): 우리는 수줍어하거나, 무뚝뚝하거나, 생각이 많거나, 조심스러운, 그 어떤 모습일 수도 있다. 그것들은 우리가 세상에서 살아남게 하는 방어기제들이라고, 그래야 한다고 우리는 확신할지 모른다. 하지만 세상은 우리를 속이기 위해서 만들어진 것이 아니며, 하나님은 늘 우리의 삶에 천사를 보내신다. 그리고 천사는 낯선 자들의 형태로 온다. 우리에게 온 천사가 환영을 받는다고 느끼게 하는 삶을 살아가는 것은 우리의 몫이다. 그리고 천사들이 가져다주는 평화와 용서의 선물을 받는 것도 우리가 할 나름이다.

제7장

좋은 씨를 제 밭에 뿌린 사람과 같은 것

예수께서 그들 앞에 또 비유를 들어 이르시되
천국은 좋은 씨를 제 밭에 뿌린 사람과 같으니
마태복음 13장 24절

예수님은 도래할 심판을 설명하시기 위해 밀과 가라지의 비유를 사용하셨다. 이 비유로 보면 하나님의 심판은 가라지(불의한 사람)에서 밀(의로운 사람)을 구별하는 것이다.

가라지는 일종의 풀 혹은 독보리라고 불리는 잡초라고 생각한다. 한 눈에 봐서는 밀과 쉽게 구별이 가지 않을 정도로 비슷하다. 그것들은 작물을 망치고, ⋯ 또 농부의 명성에 해를 끼치는 잡초이다. 로마 사람들은 실제로 밀과 독보리를 혼합하는 것을 금하는 법률을 만들기도 했다.

이 땅의 천국에·대한 예를 찾을 때, 우리는 이 비유에 나오는 사람이 실제로 무슨 일을 하는지 볼 것이다. 짐작컨대 농부인 그 사람은 좋은 씨를 뿌리고 있다.

예수님의 시대에 농부는 그렇게 작은 씨앗이 싹이 터서 새로운 곡식으로 자라는 과정을 이해하지 못했다. 그들은 그저 씨앗을 심어 놓고는 싹이 터서 자랄 것이라고 믿었다!

만약 씨앗이 싹이 트지 않거나 가라지에게 묻혀서 죽어버린다면, 농부와 그 가족은 배를 곯고, 지불할 것들을 하지 못하게 되어 마침내는 집과 땅을 잃어버릴 수 있다. 하지만 세월이 지남에 따라 농부는 제일 좋은 씨앗을 가려서 심고 그에 합당한 보상을 거둘 것이라고 믿게 되었다.

하나님은 우리가 사랑과 믿음을 실천하여, 하나님의 약속이라는 좋은 씨앗을 그만한 가치가 없어 보이는 세상에 흩어 뿌릴 때에 미소 지으실 것이 분명하다.

그러면 가라지는 어떻게 할 것인가? 그거야 하나님이 알아서 처리하실 것이 아닌가!

* * * * * *

사슴이 달리는 모습을 본 적이 있는가?

사실 사슴은 달릴 때에도 별로 땅을 딛질 않는다.

한 번은 우리 집 개 자라를 데리고 숲으로 나갔다가 확 트인 들판에 4마리의 어린 사슴 무리가 서 있는 것을 보고 깜짝 놀란 적이 있다. 처음에 그 녀석들은 마치 '얼어서 우리를 보지 못한 것' 처럼 하고 있었다. 나는 잠시 서서 그 광경에 빨려들어 관찰하였다. 나는 조심스럽게 다정한 손짓을 했다. 그 녀석들은 마치 '저 사람은 괜찮아,' 또는 '저 남자는 인간들의 몸짓을 우리가 알 것이라고 생각하는 바보야.' 라는 투의 말을 하듯이 서로를 쳐다보았다.

그때 그들이 움직였다. 그 우아한 동작이라니!

질퍽거리고, 바위로 울퉁불퉁하고, 어떤 곳은 산딸기나무, 가시나무, 덤불, 넝쿨 등으로 무성한 지형을 넘나드는 그 어린 사슴 무리는 단 3초 정도 밖에 걸리지 않은 시간에 약 반 마일을 뛰었다.

와! 어떻게 그게 가능할까?

달려서는 그럴 수 없다! 그냥 땅에 발을 딛고 달리려면 발아래의 온갖 것들이 우리 발목을 걸고넘어지게 만들 것이다. 평지에서 그렇게 빠른 자라조차도 그곳에서는 달리기 힘들어 했다. 우리는 너무 땅에서 가깝도록 지어졌기 때문이다.

하지만 사슴은 거의 땅에 발을 붙이지 않는다. 그것의 작은 발굽은 아주 작은 공간만 디디고는 박차고 올라 다시 땅에 닿을 때까지 공중에서 거의 3미터를 간다. 사슴이 이동하는 대부분은 사실 공중에서 이루어진다.

아무런 방해물도 없는 공중에서!

물론 착지가 잘못될 가능성도 있지만 가능하면 오랫동안 공중에 떠 있는 시간을 늘려서 그럴 가능성을 줄인다.

그런 광경을 보고 나니 살짝 철학적 사색에 자극을 받게 되었다.

우리 인생의 드라마 대부분은 그런 '덤불', 즉 언뜻 보기에는 중요해보이지만 그 속에 얽히기만 하는 사소한 난센스들이다. 쓸데없는 말들로 가득한 값싼 토크쇼의 소재들이나 관계를 악화시키고 영혼을 옭아매는 그런 종류를 생각할 수 있다.

우리가 그 남자 또는 그 여자가 한 말에 대해, 또는 새 차를 가지고 싶어 하는 마음 따위에 신경을 덜 쓴다면 어떨까? 만약 우리가 지난 수년간 마음에 쌓아두고 있던 상처와 분노의 덩어리를 자리에서 그만 내려놓을 수만 있다면? 그리고 우리가 정말로 원하는 것에 언제든지 집중할 수만 있다면? 우리가 이 세상에 흔적도 없이 사라질 것들에 대해 좀 더 놓아버리고, 고상한 부문에 더 집중하는, '공중'에 있는 시간을 조금 더 늘릴 수 있다면?

부정적인 일에 그렇게 많은 관심을 기울일 필요는 없다. 하지만 슬프게도 우리는 종종 그 길을 간다. 그것은 영적이고 감정적인 면에서, 바로 사슴들이 날아서 건너 버린 그 질척하고 잡초가 발목을 잡는 가시밭길을 터덜터덜 걸어가는 것과 같다.

그런 진창길을 딛지 않고, 상처를 수집하기보다는 사랑을 퍼트리는 데, 또 내 자신의 짐에 처참하게 눌려 지내기보다는 다른 사람의 짐을 기쁘게 함께 져주는 그런 일에 더 관심을 가지는 우리의 모습을 상상해보자.

우리는 그래도 여전히 땅을 디뎌야 할 것이지만, 영적으로는 사슴이 그러하듯 공중을 나는 것에 더 가까울 것이다.

당신은 야생의 사슴과 같이 뛰어오르고 싶지 않은가? 아니 어쩌면 천사처럼 날고 싶지 않은가? 그렇다면 하나님의 말씀 책을 읽고 그것을 실제로 적용해보자.

그때 당신의 발은 덤불을 벗어나 훨씬 더 좋은 길로 여행하게 될 것이다!

이웃 아주머니는 그날 날씨가 불만이었다.

밤새 비가 억수같이 퍼부었고, 우리가 잡담을 나누는 그 시간에도 여전히 검은 먹구름이 드리워져 있었다. 더 많은 비를 예고하는 것이었다.

"오오오! 아아아!" 아주머니의 한숨 소리다. (그날에 대한 아주머니의 의견을 종합하는 소리로 들렸다.)

나는 손으로 멀리 가리켰다. "네. 하지만 제가 골목을 돌기 전에 산 위를 보니까 언덕 위의 집에 무지개가 떠 있더라고요. 거기 사는 사람들은 그 무지개를 봤을까요?"

"오호!" 이번의 한숨은 조금은 더 부드러웠다. 그녀는 머리를 흔들며, 그리 똑똑하지는 않지만 사랑하는 자녀를 대할 때 사용하는 말투로 내게 말했다. "오, 그래요. 당신은 늘 그렇게 좋은 점들만 보는군요. 어떻게 그럴 수 있죠?"

나는 그녀와 헤어지면서도 그녀가 내가 그 말을 지어낸 것이라고 생각하거나 또는 내가 너무 단순하게 생각한다는 기분을 떨치지 못했다.

내가 그런 식으로 항상 사물을 보는 데에는 이유가 있다. 그 이유는 부분적으로는 내가 관찰을 하기 때문이다. 하지만 대부분은 그런 긍정적인 것들이 풍성히 존재하기 때문이다. 새들은 기분을 전환해야할 필요가 있을 때 주변 하늘을 맘껏 날아다닐 것이다. '못생긴' 사람들도 가장 예기치 못했던 방식으로 그 아름다움을 보여줄 것이다. 하나님의 세상은 정말로 당신이 할 말을 찾을 수 없을 정도로 경이롭다.

세상을 지배하는 힘은 우리가 보지 못하도록 조종할 지도 모른다. 하지만 나는 보기로 선택했다.

우리 집 콜리 자라와 산책을 하고 있는데, 자라가 풀이 무성한 길에서 뭔가를 발견했는지 그 주변을 초조한 듯이 서성였다. 자라는 뒤로 물러섰다가는 다시 다가가서 냄새를 맡고는 뒤로 다시 물러서기를 반복했다.

자라가 발견한 것은 잔디 줄기에 가볍게 앉은 공작 나비였다. 그 때만 해도 아직 어린 강아지였던 자라가 나비를 본 것은 처음이었을 것이다. 하지만 조금씩 자신감을 얻은 자라는 냄새를 맡기 위해 더 가까이 다가갔지만 나비는 날아가 버리지 않고 공작과 같이 다채로운 무늬의 날개를 넓게 펼쳤다. 얼마나 아름다운 날개였는지!

나비의 밝은 색상은 작은 생물을 잡아먹는 천적들에게 위협을 하는 용도로 사용된다고 한다. '내겐 독이 있어!' 라는 의사를 표현하는 셈이지만, 실제로 나비에게는 독이 없다(물론 내가 먹어서 확인해본 것은 아니지만). 상당히 마음씨 좋은 생존 기술이다.

자라가 뒤로 물러서면 나비는 마음을 놓았다. 나비가 마음을 놓을 때면 그 아름다운 날개는 수직으로 올라간다. 실제로는 수직보다 더 올려서 날개끼리 서로를 버텨서 기대는 것이다.

오, 내가 사진을 찍을 정도로만 그대로 있어준다면! 나는 살그머니 주머니에서 핸드폰을 꺼내어 사진기를 작동시키고는 아주 가만히 앞으로 다가갔다. 카메라를 대자 나비는 경고를 하듯 다시 날개를 활짝 폈다. 바로 내가 바라던 그대로였다.

날개의 패턴과 색상도 매력적이었지만, 나를 더욱 매료시킨 것은 다른 것이었다. 그 눈부신 날개 아래 옆면은 자세히 볼 수는 없었지만 윤기 나는 검은 색이었다. 어떤 구분도, 패턴도 없이 그냥 반짝거리는 검정색. 나는 궁금했다. … 나비가 그러하듯 나비가 앉아 있는 꽃들과 그 아래 땅에 집중을 하면서 … 저 나비는 자신이 얼마나 아름다운지 볼 수 있을까? 그리고 설혹 보았다 해도, 우리가 가진 미의 개념을, 또 위에서 아래를 내다보았을 때 우리에게 어떻게 보이는지 이해할 수 있을까? 그냥 저기 저렇게 앉아 있는 자신이 내 영혼에 어떤 영향을 미쳤는지 알 수가 있을까?

우리는 작은 그 곤충이 자신의 일을 하는데 방해하지 않도록 아쉬움이 남지만 우리 갈 길을 재촉했다.

나비 날개의 그 검은 부분에서 나는 나 자신에게 그다지 여유롭지 못했던, 내 실수와 잘못으로 인해 비틀거렸던, 또 나 자신의 부정적인 면만을 보았던 그 날들을 돌아보게 되었다. 하지만 나비에게는 그 검은 면만 있는 것은 아니었다.

때로 우리가 자신을 무가치하게 보면서도, 스스로는 전혀 알아차리지 못한 자신의 긍정적인 부분들이 있음을 생각하는 것도 나쁘지 않다. 어쩌면 나비처럼 우리도 그것을 볼 수 있지 못하기 때문에 우리 자신의 장점을 이해하지 못하는 것일지도 모른다.

나는 하나님이 그 작은 공작나비를 내가 지나는 길에 놓으신 것은 내 마음에 하나의 생각을 살포시 놓아주시려 함이 아닐까 생각한다. 우리가 볼 수 있거나 없거나, 우리 모두는 위에서 우리를 내려다보시는 그분의 눈에는 모두 아름답게 보일 것이라는 따뜻한 생각을.

줄리와 나는 우리가 살고 있는 건물 주변을 따라 도는 길로 산책을 하고 있었다. 우리는 우연히 개를 데리고 걸어가는 두 사람이 옆에 지나가면서 그중의 한 명이 하는 소리를 듣게 되었다. "이 근처에서 저런 개는 본 적이 없는데."

그들이 지나가고 난 다음 우리가 돌아보니 검은 색 늙은 래브라도 한 마리가 언덕 위를 힘겹게 비틀거리며 오르고 있었다. 가까이 가서보니 다리가 아무래도 시원찮은 것 같아 보였다.

우리는 가던 길을 멈추고 허리를 굽혀 그 개에게 가만히 말을 걸었다. 확인해보니 개가 입은 옷 칼라에 전화번호가 적혀 있었다. 전화를 걸어보았지만 받지 않았다.

불쌍한 그 개는 너무나 말라서 뼈만 앙상했다. 게다가 이빨도 많이 빠져 있었다. 그냥 볼품없이 수명이 다 한 개처럼 보였다.

줄리가 집으로 달려가 강아지 먹이를 좀 가지고 우유에다 타 가지고 왔고, 우리는 개가 우리에게 오도록 달랬다. 우리는 아스팔트 위에다 먹을 것을 두고 우리의 친구가 허겁지겁 먹는 모습을 지켜보았다.

그 개를 데리고 집에 와서 먹이를 좀 더 준 다음 따뜻하게 해주었다. 그 다음이 문제였다.

개 주인에게 몇 차례의 전화를 더 건 다음에 겨우 연락이 닿았다. 잠시 후 한 남자가 개를 데리러 나타났다. 그는 그 개가 여자 친구의 개였다고만 말하고 더 이상 다른 얘기는 하지 않았다. 줄리와 나는 그 불쌍한 개를 그 사람에게 돌려준 것이 잘한 일인지 걱정이 되었다.

그날 저녁, 한 아가씨가 꽃을 사들고 왔다. 그녀는 '타라'는 자신의 아버지 개였다는 것과, 너무 늙어서 이미 안락사를 시킬 때가 되었지만 자신은 도저히 그럴 수 없노라고 설명했다.

그리고 그 개는 거의 눈도 귀도 잘 들리지도 않고 보이지도 않기 때문에 그대로 그 길을 헤매고 다녔다가는 … 그녀는 우리가 개를 돌봐주어서 고맙다고 했다.

이제 우리는 타라가 안전한 집으로 돌아갔음에 그리고 사랑받고 있음에 안심했다.

이 이야기를 하나님나라의 눈으로 보자:

오래 전 줄리와 나는 그날 아침에 밖에 있었다. 내 자신의 이기심 때문에 아내를 혼자 놔두고 가려 했다. 아내는 내 마음을 돌리려 설득했지만 고집불통인 내게는 아무 말도 귀에 들어오지 않았다.

내가 휙 돌아서서 가려고 할 때 늙고 지친 개가 걸어오더니 우리 두 사람 사이에서 쓰러졌다. 우리는 갑자기 우리 자신의 문제보다 더 다급하고 중요한 일에 직면했다. 바로 앞에 도움을 필요로 하는 생명이 있었고, 그 녀석을 살리기 위해서는 서로 힘을 합쳐야 했다.

우리는 그 불쌍한 개를 도왔고, 결과적으로 나는 여기, 내 가족과 함께 나의 집에서 이 이야기를 쓰고 있다.

'사랑은 투쟁이 아니랍니다.' 라는 노래에서 기독교 음악가 워렌 바필드(Warren Barfield)는 결혼과 결혼의 위기에 관해 이렇게 노래했다. "그리고 우리가 떠나려 할 때에, 하나님께서 그 문을 지키는 천사를 보내주실 거예요."

때로 천사는 개의 모습으로 변장하고 나타나기도 한다.

극장들이 거의 텅 빌 시간, 글라스고우의 서쪽 끝 거리는 부유하고 행복하며 잘 차려 입은 사람들로 가득했다. 줄리와 나는 사람들 속에 섞여 걷고 있었다. 공연이 좋았다는 얘기를 나누며 우리는 철도역을 향해 군중을 뚫고 걸었다.

그때 줄리가 내 팔꿈치를 톡톡 쳤다. "저것 봐요."

그는 약 40살이 된 듯한 자그마한 사내였다. 칼라에 닿을 정도로 곱슬거리는 검은 머리카락에는 몇 가닥 흰 머리가 섞여 있었고, 금테 안경을 쓰고 있었다. 일반화시키는 위험을 감수하고 보자면, 그의 모습은 내게는 유대교 율법학자 같은 이미지로 비춰졌다.

그는 쓰레기통을 뒤지고 있었다.

우리가 집에 어떻게 갈 것인가를 두고 설왕설래할 동안, 그는 먹다 만 샌드위치를 찾아서 가지고 있던 비닐봉지에 넣었다.

나는 무슨 말을 해야 할지도 모르면서 그에게 다가가서 정중한 말투로 물었다. "이봐요. 뭐하고 계셔요?"

"그냥 하던 일 하는 거죠." 그의 손은 말을 하는 동안도 쉬지 않고 움직였다.

"뭐 좋은 거 찾으셨어요?" 내가 다시 물었지만, 그는 묵묵부답이었다.

짧은 망설임 끝에 나는 지갑을 꺼냈다. 사실 내 형편도 남을 걱정할 사정은 아니었다. 우리가 극장에 갔던 것도 공짜 티켓을 얻었기 때문이었다.

그렇지만 적어도 우리는 쓰레기통을 뒤져 식사를 하지는 않았다.

"여기요," 나는 그에게 상당한 금액의 돈을 건넸다. "성의니 받아주세요."

그는 돈과 나를 번갈아 보았다. 처음에는 받기를 주저하던 그는 돈을 받아들고는 말했다. "고맙습니다. 현명하게 잘 쓰겠습니다."

예상치 못했던 말이었다. 나에게 뭔가 안심시킬 말을 하려고 했던 것 같았다. 많은 사람들은 길거리의 걸인들에게 적선을 하면 그들이 마약이나 술을 마시게 돕는 꼴이 된다는 염려로 자선을 베풀지 않는다. (그는 구걸을 하고 있지 않았다.) 어쩌면 그는 내가 준 돈으로 자신은 그렇게 하지 않겠다는 말을 하고 있는 것인지도 몰랐다. 그렇지만 그는 나에게 그런 말을 할 필요가 없었다.

나는 그 돈이 내 주머니에 들어오기 전에는 그 돈을 어떻게 써야 할지 통제권이 없었다. 그런데 그 돈이 내 손을 떠난 순간 그런 통제권이 생긴 것이다. 그는 그날 밤 마약에 취할 수도, 그 돈을 아껴서 기력을 회보하는 데 사용할 수도 있었다. 그는 위스키에 다 써버릴 수도 아니면 쓰레기통에서 건지지 않은 음식을 사는 데 쓸 수도 있었다.

나는 모른다. 그리고 그것은 내가 염려할 필요가 없다. 나는 길을 가다 만나는 사람들에게 질문을 하라는 소명을 받지 않았다. 그 돈을 받은 사람이 현명하게 소비하겠다고 안심을 시켜주어야만 베풀도록 부름 받지도 않았다. 그 이후에 벌어지는 일은 전적으로 더 높은 곳에 계시는 분에게 달려 있으며, 나는 그저 아무런 염려 없이 사라져도 되는 것이다.

하지만 내가 아는 한 가지는 내가 줄 때에 받는다는 사실이다. 게다가 나는 이미 내가 응당 받을 것보다 훨씬 더 많이 받고 있다.

나는 그 돈을 접어 넣는 그의 팔을 가만히 두드리며 말했다.

"마음대로 사용하십시오, 친구여. 당신에게 이 돈을 주는 내가 현명하게 사용하는 사람입니다."

나는 양복을 입은 남자를 향해 말했다. "아름다운 인사말이네요!"

슈퍼마켓에서 장을 보고 나오던 나는 한두 걸음 뒤에 그 남자가 전화 통화하는 소리를 우연히 듣게 되었다. 그는 한 손에는 쇼핑백을 그리고 다른 손에는 전화기를 들었다. 각자의 길로 헤어지려 할 때 그가 통화를 끝내는 인사말을 했다. "많이 사랑해요! 나중에 만나요."

당당한 그 남자는 남에게 그 말이 들린 것에도, 또 내가 엿들은 것에도 겸연쩍어 하거나 화를 내지 않았다. 그는 자신이 했던 말을 생각하고는 미소를 지었다.

"네. 그런 셈이죠."

"그 말은 들으신 분은 하루가 즐겁겠습니다." 내가 덧붙였다.

그는 어깨를 으쓱했다. "네, 사랑을 밖에 두면, 사람들은 알아서 집어가겠죠. 그걸로 어떻게 사용하거나 그건 그 사람에게 달려 있는 거죠." 그리고 그는 또 웃었다. "하지만 누구든 사랑을 밖에 내놓는 사람이 먼저 있어야겠죠."

우리는 서로 씩 웃으며 헤어졌다. 그의 다정한 전화를 받지는 않았지만, 그가 말한 내용은 알아들었다.

이 세상은 사랑으로 가득하다. 그것이 바로 우리의 모든 문제에 대한 하나님의 답이다. 하지만 때로 사랑은 숨겨져 있거나 땅에 떨어져서 무시되고 있는 듯이 보인다.

스스로에게, 그리고 세상에게 작은 선을 행하라. 하나님께 약속을 드리라. 오늘 당신이 무슨 일을 하거나, 그 일에서 사랑을 빼두지 않겠다고 약속하라. 저기 밖에 사랑을 내어놓는 사람이 되거나, 그 사랑을 집어서 잘 활용하는 사람이 되라. 사랑으로 당신의 하루, 당신의 인생을 멋지게 만들라.

오늘은 수중에 아무 것도 없어서 점심을 그냥 넘기기로 했다. 그런데 그날 저녁 내 계좌로 상당한 액수의 금액이 들어왔고, 나는 재정적인 압박이 끝나게 되어 기뻐했다. 나는 노트북을 들여다보면서 어디에 먼저 지불할 것인가를 생각했다.

그때 내 머릿속에서 어떤 목소리가 들려왔다. "먼저 '감사합니다' 라고 말하라." 강압적이지는 않지만 확고한 목소리였다. 뒤이어 다른 더 큰 목소리들이 몰려왔다. 그것들은 지불해야할 큰 액수의 금액들을 소리쳤다. 그런 왁자지껄한 소리 중에서도 그 첫 번째 목소리는 다시 조용히 말했다. "먼저 '감사합니다' 라고 말하라."

그래, 나는 누가 말하고 있는지 안다. 그러니 내 인간적인 성품을 뒤로 밀고 다른 목소리들에게는 조용히 하라고 명령했다. 그런데 어떻게 하는 것이 고맙다는 말을 잘 하는 것일까? 내 정신은 동쪽으로 향해 흘렀다.

몇 년 전 딸 니콜라는 루마니아의 한 단체에서 자원봉사로 간호사를 도와 버려진 로마족(Roma-집시족) 어린이들을 돕는 일을 했었다. 우리 같으면 헛간으로도 원치 않을 '집'에서 사는 가족들이 봉사하는 젊은 여성들의 도움에 의존하고 있었다. 이들은 종종 삶과 죽음의 경계에 내몰렸다. 그들의 어려운 처지를 전해들은 나는 안타까운 마음으로 가능한 대로 돕겠다고 약속했다.

그래서 나는 그날 계좌로 받았던 돈의 십분의 일을 인터넷으로 송금했다.

다음날 아침 나는 그 단체를 운영하는 사라로부터 이메일을 받았다. 그녀는 극도의 빈곤 상태에서 살고 있는 어머니와 여섯 명의 자녀를 장기적으로 도울 후원자를 구하라는 요청을 받았었다. 그녀는 그 가족을 맡아줄 사람을 찾을 수 있다는 확신이 있었다. 하지만 그때까지 그 가족을 먹일 수 있는 방법부터 찾아야 했다.

그런 지시를 받은 때가 언제였는가 하면, 바로 내가 '감사합니다'라는 말을 하라는 목소리를 듣던 그 시간이었다. 그녀가 필요한 금액이 얼마였을까? 정확히 내가 보낸 그 금액이었다. 그녀는 후원에 필요한 일들을 처리한 후에 이렇게 말했다. "하나님은 당신이 하시는 일을 다 알고 계시죠."

그 일만으로는 내가 '와!' 하는 탄성을 터트리게 만들기에 부족했었는지, 두 시간 후였다. 나는 한 때 많은 일을 했던 한 곳으로부터 이메일을 받았다. 그들은 몇 년 전 기록을 점검하다가 내게 지불해야 할 것이 있다는 것을 발견했다고 한다. 나는 그런 기억이 없었다.

모른 척 받을 수는 없었기에 흥분을 가라앉힌 나는 그런 적이 없다고 말했다. 하지만 그들은 고집했다.

그들이 보낸 금액이 얼마인지 아는가? 내가 방금 보낸 금액의 세 배였다! 곤궁한 가족은 배가 고프지 않을 수 있고, 나도 필요한 곳에 다 지불할 수 있었다.

내가 종종 머릿속에서 여러 가지 목소리를 듣는 것에 그다지 부끄럽지 않다. 다만 그중에서도 한 목소리는 귀를 기울일 가치가 있다는 것이 감사하다. 하나님은 정말 그분이 하시는 일을 잘 알고 계시기 때문이다!

줄리는 옛날 주일학교에서 배웠던 찬송가를 부르고 있었다—그런 가사 있지 않은가? 반석 위에 집을 지은 사람과 모래 위에 집을 지은 사람에 대한.

그때 무심결에 나는 그 노래에 맞춰 율동을 했다. 아내가 놀라서 쳐다보았다.

"왜? 나도 주일학교 다녔어."

"그야, 하지만 당신은 주일학교에서 기억나는 거라고 빌리 아저씨라는 선생님 밖에 없다고 했잖아요?"

사실 나는 방금 전만 해도 그 찬송가에 맞는 율동이 있는지도 기억하지 못했었다.

나는 주일학교 전도사님이 설교를 하시고, 율동과 찬양을 가르쳐 주신 것을 기억한다. 또 그러한 것들을 위해 주일학교가 존재하는 것이라는 것도 안다. 그런데 상세한 그것들은 하나도 기억이 나지 않는 반면, 40년이 지난 지금도 빌리 아저씨는 자세히 기억할 수 있다. 당시 10살이었던 어린 나도 자신의 친구들이 취미생활을 즐기고 있을 때에도 우리에게 복음을 가르쳐준 이 소박하고 재미있는 분은 닮을 가치가 있는 분이라는 것을 무의식적으로 알았다.

그것이 바로 믿음의 정수이다. 신앙은 노래나 학문이 아니며, 우리 인생에 미치는 영향이며, 그 신앙으로 인해 우리는 믿음의 사람이 된다.

빌리 아저씨와 같이 지혜로운 사람은 나와 같은 사람들에게 어떻게 자신의 집을 '반석' 위에 세우는지 보여주며, 우리에게도 이 시대의 본보기가 되라고 격려한다.

기억되고 싶은가? 하나님이 당신을 만드시도록 하라. … 그러면 주님의 사역의 선한 본보기로 기억되리라.

그건 그냥 라디오에서 흘러나오는 지나가는 말이었다. 하지만 내게는 가던 길을 멈추게 했다.

마틴 루터 킹 주니어 목사가 폴 틸리히라고 하는 신학자의 박사 논문에 대해 청취자에게 얘기하던 도중이었다. 틸리히는 사랑을 '분리된 이들을 연합시키는 힘(the drive toward unifying the separated)' 이라고 했다.

킹 목사는 계속해서 다른 이야기를 했지만, 내 정신은 방금 그 표현 속으로 날아갔다. 분리된 이들을 연합시킨다. … 즉 함께 하기로 되어있지만 아직 만나지 못한 이들, 함께 할 사람들이지만 상처와 두려움으로 헤어진 이들, 부모와 자녀들, 사람들과 하나님, 분단된 국가들, 금이 간 믿음, 그런 것들 말이다.

그런 사람들이 함께 할 수 있는 이유는 수도 없이 많지만, 인간의 본성은, 그렇지 못할 이유만 찾는다. 그들을 하나로 불러 모을 수 있는 것은 오직 하나, 진정한 사랑뿐이다.

그러니 사랑하라! 사랑은 수동적이 아니다. 틸리히의 말에 따르면 사랑은 움직이게 하는 힘이다. 우주에는 우리를 함께 하고자 충동하고, 우리가 함께 하기를 원하며, 우리가 함께 하도록 그냥 앉아서 기다리지 않는 힘이 있다.

사랑은 나뉜 것을 합하는 추진력이다. 이 세상의 고독과 절망들에 대해 생각하면 정말로 필요로 하는 것은 사랑의 추진력이라는 확신이 든다.

하나님은 지금도 그 일에 매달리고 계신다. 하지만 가끔은 하나님도 우리가 운전대를 맡아주면 기뻐하시지 않을까? 당신의 인생에 어떤 무너진 관계가 있는가? 그렇다면 사랑의 동력이 되라. 사랑의 사람이 되라. 그리하여 끊어진 것을 연합하라.

나는 가끔 개를 산책시키러 나가는 길에 이미 산책을 나갔다가 돌아오는 로지를 만난다. 그녀는 일출을 보기 위해 북반구의 위도 시간에 맞추어 산책을 한다. 이 시간을 그녀는 '관찰하는 산책(beholding walk)' 이라고 부른다.

그녀는 이렇게 설명한다. "세상을 가까이 볼수록 하나님이 암흑 속에서 빛을 만드시고, '보시기에 좋았더라.' 라고 하신 말씀을 실감할 수 있어요."

내 산책은 그것보다는 좀 더 가벼운 것이었다. 나는 집에 오자마자 사전에서 '보다(behold)' 라는 단어를 찾아보았다. 이 옛날 영어는 무엇인가를, 특히 멋진 것을 보다라는 뜻을 지닌다. 하지만 또 뭔가를 붙잡다라는 뜻도 내포한다.

그녀는 이른 아침 산책을 하면서 하나님의 영광만 본 것이 아니라 그 영광스런 하루를 살 수 있도록 가슴 가까이에 붙잡아둔 것이라고 나는 확신한다.

물론 하나님은 새벽을 그냥 만들지 않으셨다. 그분은 세상을 창조하시고, 그 안에 있는 모든 것을 창조하셨다. 비록 시골길의 산책과 넓은 공원과 같은 사치를 누릴 수 없을지라도, 우리의 생활이 더 좁은 공간에 갇혀 있을지라도, 우리는 언제나 하나님의 창조를 보고 있음을 기억하는 것이 좋다. 인간의 모든 창조 행위는 하나님이 제공하신 그분의 재료가 있어야 가능하다. 그러므로 실은 하나님은 모든 곳에 존재하신다.

우리가 로지의 생각을 확장시킨다면, 그리하여 우리 삶의 모든 영역에서 그런 생각을 활용하여 '관찰하는 산책'을 한다면 멋지지 않을까?

아내와 다닐 때에는 어디를 가거나 내 위치가 정해져 있다. 왜 그렇게 되었는지 모르지만, 아무튼 그렇게 되었다. 이유가 어찌 되었건, 우리는 서로 위치가 바뀌어 있으면 재빨리 각자의 자리로 돌아온다.

내 왼손으로 그녀의 오른손을 잡고 있어야 서로 마음이 편하다. 그러니 내 자리는 항상 그녀의 오른편이다. 때로 번잡한 도로를 건너거나 사람이 많이 모여 있는 상점 등에 있을 때가 있다. 나는 눈으로는 주변을 살펴보면서도 내 손은 자동적으로 아내의 손을 더듬어 찾는다.

내가 그녀의 손을 잡을 때면 그녀의 손도 벌써 내 손을 찾고 있었다는 것을 깨닫는 순간이 내게는 인생의 큰 스릴 중의 하나이다.

당신도 그럴지 모르겠다.

이건 그냥 하나님이 일하심에 대한 작은 예일 뿐이다. 비록 우리가 인식하지 못할지라도 오, 하나님은 항상 거기에, 바로 우리 옆에 계신다. 때로 세상의 소음 속에 우리는 헤어지기도 한다. 하지만 우리가 하나님이 필요할 때, 우리가 하나님께 닿으려고 노력하면 하나님의 손이 이미 우리의 손을 찾고 있었음을 발견한다.

내 사랑하는 사람 옆에 내 자리가 있다는 것을 아는 것처럼, 나는 하나님 옆에 내 자리가 있음을 안다. 논리적인 말로 설명할 수 없지만 우리는 손과 손을 맞잡고 있다. 내가 손을 뻗기만 하면 그의 손을 잡을 수 있다.

심한 감기 때문에 아내는 목소리가 쉬어 소리가 잘 나지 않았다.

우리는 그날 저녁 어떤 모임에 갈 계획이었다. 아내는 정말 가고 싶어 했지만, 그 목소리를 해가지고는 ….

내가 아이디어를 내었다. 우리가 그곳에 있는 동안 사람들의 질문에 일일이 대답하려 하지 말고, 내게 신호를 하면 내가 그녀가 할 말을 대신하자는 것이었다. "줄리가, '내 남편은 정말 모든 걸 다 알아요. 그리고 그가 그렇게 생각한다면 저도 좋아요.' 라고 하는 군요." 라고 하거나, "줄리가 '제 남편 아시나요? 그는 정말 멋진 사람이에요.' 라고 하네요." 등등.

아내는 자신이 그런 생각을 하는지 나에게 말할 필요가 없었다!

그러자 나는 궁금해졌다. 만약 내가 정말로 그녀 대신 말을 해야 한다면 어떨까? 그건 대단히 큰 책임이 될 것이다. 그렇지 않은가?

내가 아내 이름으로 하는 말로 그녀의 화를 돋우거나 오해하게 만들고 싶지는 않을 것이다.

거기서부터 그리스도인인 우리가 날마다 하나님을 대신해서 말을 하고 있다는 깨달음으로 나가는 데에는 그다지 대단한 철학이 필요치 않았다. 그분이 하시는 말씀은 우리의 표현, 우리의 행동, 우리의 말에 반영되어야 한다.

하나님의 말씀을 대변하는 일은 일상적으로 해야 할 우리의 책임이다. 우리에게 가장 가까이 계시기는 하지만 하나님은 우리가 잘못할 때마다 모든 세세한 일들에 우리를 멈추시지는 않을 것이다. 그러므로 우리가 제대로 된 대변인 노릇을 하기 위해 노력하는 것이 더욱 중요해진다.

내가 방금 무엇을 보고 왔는지 세차에 정성을 기울이고 있는 그에게 말한다면 잔인한 노릇이 될 것이다.

어느 날 산책을 나갔다가 가던 길을 멈추고 생각하게 만든 어떤 것을 발견했다. 비록 '발견'이라는 말을 사용하긴 하지만, 실은 그것을 자세히 관찰하기 위해 나는 쓰러진 나무를 넘고, 덤불을 헤쳐야 했다.

아주 오래 전에 그 차는 어떤 사람의 자랑이요 기쁨이었다. 그런데 도둑을 맞았다.

그 자동차를 훔친 사람은 그 차를 타고 어떤 황폐하게 버려진 곳을 지나다가 길가의 나무를 들이박고 말았다. 차는 불에 휩싸였고 그 속에 타고 있던 불쌍한 생명을 앗아가고 말았다.

십년도 훨씬 안 되는 기간 동안 땅은 스스로를 치유하여, 새 덤불이 자라고 폭풍이 나무를 쓰러뜨려 부서진 자동차 위로 넘어져서, 아무도 치우는 사람이 없어 그 차는 어쩔 수 없이 그곳에 버려지고 점차 부식되어 갔다.

요즈음 그 차는 녹슨 금속의 찌그러진 모습일 뿐이다. 엔진은 알아볼 수 있지만, 간신히 남아 있을 뿐이고, 아마 그리 오래 가지 못할 것이다. 비는 서서히 그 금속의 차가 제작되었을 당시 그 본래의 고향인 땅으로 되돌리고 있다. 플라스틱과 섬유는 이미 사라진지 오래이며, 놀랍게도 유리는 흔적도 없다.

이끼가 그 덩어리 언저리에서 자라기 시작했다.

대단한 것은 그 가운데에 바닥의 녹이 만들어 놓은 구멍을 통해 그리고 이제는 바닥에 거의 가라앉은 선루프를 뚫고 작은 나무가 자라고 있었다. 그 나무가 자라면서 부서지지 않았던 자동차의 부속들조차 들어 올려 그 차의 해체를 촉진할 것이라는 상상을 하지 않을 수 없었다. 흙에 스민 철은 나무가 튼튼하게 성장하도록 할 것이다.

내 머리에 번뜩 떠오른 성경 구절이 있었다. 자신의 믿음을 썩어지거나 훔쳐갈 재물에 두지 말고 보화를 하늘에 쌓아두라는 말씀 말이다. 또, 재물이 있는 곳에 마음이 간다라는 말도 있다.

비록 서로가 주고받는 사랑은 영원하지 않을지 모르지만, 그것은 썩지도 않고 잃어버리지도 않을 것이다. 우리가 하나님의 다른 자녀와 우리에게 허락하신 이 세상을 대하는 방식에서 우리의 창조주와 쌓은 관계야말로 진정한 보물이 될 것이다.

다른 어떤 것이 진정으로 가질 만한 가치가 있겠는가? 그 쇳덩어리를 보며 나는 내 마음을 더 오래 지속될 곳에 투자해야겠다는 생각을 아니할 수 없었다.

거의 집에 다 와 가는데 나는 자신의 차를 세차하고 있던 남자를 지나게 되었다. 그는 바닥에 온갖 종류의 세차 도구를 늘어놓고 온 정성을 다해 차를 닦고 있었다.

나는 그에게 가볍게 목례를 하고 지나갔다. 우리가 방금 무엇을 보고 왔는지 그에게 얘기하면 잔인한 노릇이리라. 하지만 언젠가 다른 때에 그에게 얘기해줄 기회를 찾으려 한다. 그가 그 썩어질 보화에 그토록 정신이 팔려 있지 않을 때를 택해서.

제8장

일꾼을 포도원에 고용한 남자와 같은 것

천국은 마치 품꾼을 얻어 포도원에 들여보내려고
이른 아침에 나간 집 주인과 같으니
마태복음 20장 1절

이 비유에서의 집주인은 정말 불공평해 보인다!

부지런한 집주인은 이른 아침부터 마을로 나선다. 거기에서 일꾼을 몇 명 사서 포도원에서 일하도록 들여보낸다. 쨍쨍한 햇볕이 아침부터 내리쬐는 더운 날씨였다. 그런데 근무시간이 거의 끝나갈 무렵, 주인은 제 시간에 작업을 끝내기 위해 추가로 일꾼 몇을 더 들여보냈다.

드디어 일꾼들은 고된 하루 일을 마치고 일당을 받을 시간이 되었는데, 놀랍게도 주인은 하루 종일 일한 사람들과 뒤늦게나 들어온 사람들에게 똑같은 임금을 쳐서 주는 것이 아닌가.

그것이 어찌 공평하다고 할 수 있겠는가?

좋은 소식은 하나님은 공평한 것에는 그다지 관심이 없다는 사실이다. 만약 하나님이 공평하시다면 그분의 상급을 받을 자격이 있는 사람은 우리 중에 거의 없을 것이다. 하나님은 은혜의 하나님이시며, 그 사실은 가장 악한 삶도 이 땅의 마지막 때 그리스도가 오시면 천국의 완전함을 받을 수 있음을 뜻한다.

이 비유를 보는 다른 방법은 우리는 다른 사람이 얼마를 받았거나 상관치 말아야 한다는 것이다. 하나님과 동행하는 삶은 멋지고 인격적인 경험이다. 만약 당신이 운이 좋아 충만한 믿음 생활을 하고 있다면 (여기에서는 포도원에서 하루 종일 일하는), 그것 자체가 보상이며, 나중에 온 사람은 그들도 그렇게 일찍 왔기를 바랄 것이다. 인생의 끝에 믿음을 발견한 사람(마지막 때에 온 일꾼들)을 우리는 지나치게 과한 보상을 받은 사람이라고 생각한다. 하지만 하나님의 사랑은 원래 지나치게 과하다!

하나님의 영원한 계획은 모든 사람을 공평하게 대우하는 것이 아니다. 쉽게 말하면 모든 사람을 은혜롭게 대접하는 것이다.

* * * * * *

한 어머니가 병원에 입원한 다른 어린이들에게 선물을 나눠주는 자기 자식을 흐뭇하게 바라보았다.

루마니아에 있는 그 병원에 입원한 그 어린이들은 사실 질병을 고치기 위해 병원에 있는 것이 아니었다. 그들은 가난에서 살아남기 위해 안간힘을 쓰던 부모들이 못내 버리게 된 갈 곳 없는 아이들이었다.

리즐은 그 어린 생명들에게 음식과 옷 그리고 도움의 손길을 가져다주는 한 단체의 일원이었다. 몇 년 전만 해도 그녀 자신의 아이들인 밀로스와 야나도 이 보호막대가 높이 올려져 있는 병원 침상에 누워 있었다. 그러나 서류상의 여러 절차와 인내심 그리고 정치적 논쟁까지 거쳐 가족이 다시 한 자리에 모이는 기쁨을 찾은 것이다.

하나님의 보호하심으로 그들은 앞으로 좋은 삶을 살 수 있을 것이다. 하지만 나는 그녀의 자녀들이 저 병원의 다른 아이들보다 자신이 더 낫다고 생각하지 않기를 기도한다. 그들과 버림받은 저 아이들의 차이는 … 그 자신이 만든 것이 아니라 자신들의 어머니가 만들어주신 것이기 때문이다. 리즐의 사랑이 그들의 삶이 달라지게 했다. 어머니의 마음이 자녀들을 보호막대의 안쪽에서 반대쪽으로 옮겨가게 했던 것이다.

하나님의 은혜와 사랑은 우리를 잘못된 방향에서 올바른 방향으로 돌려놓는다. 그것이 사랑이 하는 일이다. 나는 리즐이 그 자녀인 밀로스와 야나를 다른 사람을 위해 봉사하고 그들을 돌보는 사람으로 키울 것이라고 확신한다. 그리고 또 하나님은 우리와 같이 축복받은 이들에게도 동일한 일을 하도록 기대하실 것이라고 확신한다.

구원을 받았다는 것은 '감옥으로부터의 자유'를 찾을 수 있는 티켓을 얻는 것이 아니다. 그것은 우리가 쉽게 떠나버렸던 곳으로 되돌아가서 다른 사람들도 하나님이 원하시는 곳으로 인도해내는 일을 하라는 초청장이다. 우리는 다가가 그 버림받은 사람들의 손을 꼭 잡아주어야 한다. 그들이 더 이상 버려진 사람이 아니라 우리가 받은 은혜를 나눌 사람이 되도록.

오, 나는 얼마나 못났는지! 시내로 향하는 기차에 앉아 있던 나는 이유를 알 수 없이 기분이 가라앉는 것을 느꼈다. "털어버려!"라고 혼잣말을 하며 기분전환을 시도했다.

나는 이렇게 헛헛한 하루를 보내고 싶지는 않았기에 간단한 기도를 하나님께 드렸다. 하나님, 제가 고통이 아닌 축복이 되게 만들어주세요.

나는 가게들을 배회하며 물건을 약간 사고 〈빅 이슈〉 잡지를 파는 노숙인에게 요구하는 값 이상을 쳐서 지불했다. 하지만 나는 여전히 대단한 축복의 사람은 아니었다.

이제는 집에 갈 시간이었다. 시장기가 돌아 먼저 빵집에 가서 소시지를 하나 사 먹어야겠다고 생각하는 순간에 다른 〈빅 이슈〉 판매원이 나에게 잡지를 흔들어보였다.

나는 "벌써 한 권 샀네요, 친구!" 하고는 그를 지나쳤다.

단 일 초만에도 상황을 모조리 인지할 수 있는 사람의 능력은 얼마나 대단한지! 그를 지나치면 나는 그를 살폈다. 그 남자는 50대 초반으로 보였으며, 오래 된 옷을 겹겹이 입고 있었지만 한때는 양복과 넥타이가 어색하지 않게 어울렸던 사람으로 보였다. 그의 말소리는 또박또박 했지만 얼굴은 수척했다. 뒤에 맨 배낭에는 아마도 그가 가진 전 재산이 모두 들어있을 것 같아 보였다. 그 옆에 늙어 수명이 다한 듯한 콜리 개가 덥수룩한 털을 늘어뜨리고 누워 있었다.

"하지만, 빵집에 가려고 하는데, 혹시 뭐 드시고 싶으신 것이 있으면, 샌드위치나 커피라도 …"

그는 내가 뭔가 무례한 말을 했다는 듯이 다급히 말을 잘랐다. "아뇨, 됐어요!"

호의가 무시당한 데에다 안 그래도 편치 않던 내 기분으로는 그의 뺨이라고 갈기고 싶은 지경이었다. 하지만 나는 상황을 그의 입장에서 보기로 했다. 그는 나의 무의식적인 공격으로 자존심이 상했을 것이다. 이 사람은 노숙인이 되기 전에 편안한 삶을 살았을지도 모른다. 〈빅 이슈〉를 파는 일은 자존심을 지킬 수 있는 일이며 판매이익금의 절반을 가질 수 있다. 아마 낯선 사람의 호의에 기대어 음식을 얻어먹는 일은 그가 아직은 겪어보지 못한 수준으로 자신이 떨어진다고 느끼게 만들었을 것이다.

나는 알았다는 뜻으로 손을 들어 보였다. "좋아요. .. 그럼. …" 그리고 가던 길을 다시 재촉했다.

"그런데 …" 말을 하는 그의 입이 아주 무겁게 느껴졌다. 나는 몸을 돌려 그를 보았다.

"소시지를 하나 부탁해도 된다면."

"물론이죠. 커피는?"

그는 고개를 저었다.

"그리고 … 그리고 식은 걸로 부탁할 수 있을까요?"

나는 무슨 말인지 혼란스러웠다.

"얘를 주려고요." 그는 잠을 자고 있는 자신의 개를 가리키며 말했다. "오늘 아무 것도 먹이질 못했어요."

와! 그가 자신의 짐을 배낭에 가득 넣고 다니는 이유는 아마 저 개 때문일 것이다. 그는 애완견을 데리고는 노숙자 숙소로 갈 수 없을 것이므로 아마도 길거리에서 잠을 잤을 것이다. 이 두 방랑자는 아마 길에서 만났을지도 모른다. 아니면 더 이전의 좋았던 삶에서부터 둘은 동반자였을지도 모를 일이다.

그 역시 그날 어떤 것으로도 끼니를 해결한 것 같지 않았다. 그럼에도 불구하고 그는 남의 손에서 나눠주는 동정을 받고 싶지 않았던 것이다. 하지만 자신의 개를 위해서 그는 남겨진 작은 자존심을 꿀

꺽 삼켰던 것이다.

나는 커피와 뜨거운 소시지롤과 차가운 소시지롤을 하나씩 사서 돌아왔다.

그에게 전해주고 뒤돌아 걷는데, 내 뒤에서 작지만 진지한 목소리가 들렸다.

"하나님의 축복이 있으시길, 친구여."

내 짜증은 완전히 사라졌다. 하나님은 내가 누군가의 축복이 되도록 만들어주셨고, 그로 말미암아 나 또한 축복을 받았다.

생각해보면 그는 나에게 한 가지 도전도 주었다.

더욱 자주 그렇게 사랑하라는.

나는 이 이야기를 있는 그대로 하려 한다. 어떤 개인적 의견이나 해석을 섞지 않고, 또 우연의 일치로 치부되지 않기를 바라며─이런 수준의 '우연의 일치'라면 그 이상의 의미가 있는 것이다─ 이야기하려 한다.

줄리와 나는 그날 저녁 일정이 빠듯했다. 아내는 해변에서 1.6킬로미터 떨어진 마을에서 일했고, 나는 재택근무를 했다. 그래서 아내가 일을 마치면 우리는 그 두 지점의 중간 정도 되는 곳에서 만나기로 했다.

마침 그날 저녁은 우리 둘 모두 거기에 일이 있었다. 우리는 컴컴

하고 바람이 몰아치는 버스 정류장에서 만나 추위도 피하고 먹을 것도 사기 위해 근처 슈퍼마켓으로 들어갔다.

거기 앉아서 우리는 하루를 보낸 이야기와 이런저런 일들을 두런거렸다. 그러다가 약간의 돈을 좋은 일에 쓰자는 이야기를 했다. 처음 그 이야기를 꺼낸 사람이 누구였는지도 알 수 없이 갑자기 든 생각이었다. 사전에 의논한 것은 없었지만 둘 다 좋은 생각이라고 동의했다.

그런데 슬프게도 우리가 기부하려는 금액에 대해서는 백 파운드라는 차이가 있었다. 더 안타까운 것은 우리가 금액을 두고 다투기 시작했던 것이다.

우리는 서로 아무 말도 하지 않고 그곳을 나왔다. 몇 분 후 줄리는 대화를 시도하려고 말을 걸었지만, 나는 한 마디도 받아줄 기분이 나지 않았다. 또 아내가 내 손을 잡으려 했지만 냉정히 뿌리쳤다. 부끄럽지만 나는 그날 몸집만 큰 어린아이였다.

우리는 성경공부반이 열리고 있는 교회 식구의 집에 도착했다. 줄리는 그 집 현관으로 들어가기 전에 나에게 잘 가라는 인사를 건넸지만, 나는 쌀쌀맞게 대했다. 아내를 들여보낸 후 나는 성탄절 칸타타의 리허설에서 내레이션을 하기로 되어 있는 교회로 걸었다.

칸타타는 하나님의 사랑 안에 있는 기쁨에 관한 내용이었다. 하지만 그렇게 아내에게 못되게 굴었던 내가 어떻게 하나님의 사랑에 관해 노래할 수 있을지 당황스러웠다. 그래서 찬양대가 연습을 하는 동안 마이크 앞에서 기다리던 나는 줄리에게 문자를 넣었다. "미안해."

리허설은 잘 진행되었다. 내가 맡은 부분을 연습한 후에 나는 잠시 앉아서 찬양대의 노랫소리를 들었다. 연합된 목소리의 찬양과 그 당시의 복잡했던 감정으로 인해 내 눈에서는 눈물이 흘렀다. 그리고는 마음에 행복감이 밀려왔다.

집에 돌아온 나는 줄리와 서로의 차이는 밀어놓았다. 사실 우리는 그것에 대해서는 입도 뻥긋하지 않았다. 서로 키스하고 안아준 다음, 아내는 다음과 같은 이야기를 했다.

앞서 우리가 좋은 일을 하기로 계획을 했지만 기부할 액수를 두고 말도 안 되는 싸움을 했었다. 그때 우리는 줄리가 참석하는 성경 공부가 열리는 장소까지 10분을 걸어 도착했었다.

줄리가 도착하자 성경 공부를 위해 자기 집을 개방한 집사님이 그녀를 옆으로 불러내었다. "이게 무슨 일인지 모르겠어요." 그녀는 작은 목소리로 말했다. "하지만 나는 하나님이 당신에게 이것을 주라고 충동하시는 것을 느껴요." 그녀는 줄리에게 봉투를 하나 건네주었다.

그 속에는 백 파운드가 들어있었다.

얼마 전 줄리와 나는 근처 교회에 점심을 먹으러 갔다.

내가 듣기로는 새 목사님이 그 교회를 인수 받기 전에는 회중이 겨우 4명이었다고 한다. 새 목사님이 부임해서 처음으로 한 일은 교회의 장의자를 뜯어내고 중앙을 카페 스타일로 바꾼 것이었다. 긴 나무 장의자 하나가 아직 뜯어내지 않은 옛날 모습을 말해주었다.

오래된 발코니는 지금은 창고로 사용되고 있다. 바닥은 다양한 카펫이 깔려 있지만, 그 카펫이 다 덮지 못한 곳도 몇 군데나 된다. 벽에는 소박한 나무 막대로 만든 십자가가 있다.

우리가 도착했을 때 곳곳에 식탁과 의자들이 있었다. 벽에는 몇 개의 닳아빠진 소파들과 유아용 의자들이 기대져 있고, 바닥에는 장난감들이 흩어져 있었다. 누가 서빙을 하고 누가 손님인지 알 수 없었다. 아이들이 뛰어다녀도 아무도 제지하지 않았다.

턱수염을 기른 한 남자가 우리 식탁 옆을 지나는데 그의 손에는 화장지가 한 롤 들려 있었다. "저분이 목사님이래." 줄리가 알려주었다.

줄리는 점심때에만 이런 세팅을 하는 것이 아니라 주일에도 이 상태에서 예배를 드린다고 말했다.

주중에는 저녁마다 이런 저런 모임을 유치했는데, 하루는 도박중독자들 모임이고, 또 어떤 때에는 알코올 중독자 가족 모임, 뭐 그런 식이었다. 방 중의 하나는 작은 도서관으로 운영했고, 다른 하나는 옷과 중고품 가게로 운영되었다. 대체로 손길이 잘 미치지 않는 교회 뒷마당에는 텃밭으로 꾸며 감자와 양파, 기타 신선한 야채를 기르고, 그것들을 싼 값에 팔았다.

점심을 다 마쳤지만 값을 지불할 수가 없었다. 왜냐하면 계산대가 어디인지 알 수 없었기 때문이다. 대신에 기부금 상자가 눈에 잘 띄지도 않는 곳에 놓여 있었고, 아무도 거기에 헌금을 하라고 강요하지도 않았다. 어떤 사람은 그냥 무료 점심을 먹고 어떤 사람들은 그 돈을 벌충했다.

식사를 하던 한두 사람은 분명 정신적인 문제가 있는 듯 했고, 두어 명은 전동 휠체어를 타고 있었다. 양복을 입은 사람도 있었지만, 빈궁해 보이는 사람도 있었다. 소파 한 군데에서는 마약 중독자임이 분명해 보이는 두 사람이 있었다.

내가 처음 손님으로 생각했던 사람이 주문을 받았다. 우리는 그와 점심을 먹으며 이야기를 나누었고, 카페에 대한 정보를 얻었다. 그들이 당면한 어려움과 작은 승리에 대해서도 들었다. 그의 설명에 따르면 그 교회의 목사님은 화장지가 떨어질 때마다 손수 간다고 했다. 한 번에 한 롤 이상 두면 사람들이 훔쳐가기 때문이라고 했다. 식탁 위의 소금과 후추 등도 마찬가지였다.

내 사랑하는 아내가 그때 주변을 돌아보며 말했다. "이 교회는 다른 교회에서는 환영받지 못한다고 생각하는 사람들을 위한 교회 같아요."

와! 실로 그것이 교회를 위한 정의가 되어야 되지 않을까? 슬프게도 현실은 분명 그렇지 못하다.

나는 주변을 돌아보며 생각했다. 이곳이 완벽한 교회 아닐까?

몇 년을 거슬러 올라가서, 전에 살던 집에서 일어난 일을 소개한다. 나는 집 앞 정원에 작은 울타리를 둘렀다. 모종삽과 못을 사용해서 눈에 금방 띄는 곳에 작은 꽃나무를 심을 구멍을 파고 있었다.

그 때 어깨에 가방을 둘러매고 흠잡을 데 없이 깔끔한 정장을 한 젊은 청년이 윗 주머니에 자신의 이름표를 단 모양새가 전도를 다니는 선교사였다.

그는 내게 다가오더니 자신을 소개하고 나에게 하나님에 대해 생각해본 적이 있냐고 물었다. 나는 지금 땅에 구멍을 파느라고 바쁘고 어둡기 전에 이 울타리 작업을 마치고 싶다고, 또 신학적 토론에 참여하기에는 적절한 시간이 아닌 것 같다고 사양했다.

이 정도면 저 친구를 보낼 수 있을 거야, 라고 생각했다. 나는 그가 더 이상 얼쩡거리지 않도록 만들었다. 그렇지 않았던가?

그는 어두워져가는 하늘을 보더니 말했다. "그러네요. 제가 도와드리면 이 일을 더 빨리 끝내실 수 있을 거예요!" 그는 자기 가방을 옆에 내려놓고 양복 윗저고리를 벗어 막대에 걸어놓았다.

나는 얼굴부터 발끝까지 흙범벅이었는데, 그는 구김하나 없는 하얀 와이셔츠를 입고 내 옆에 무릎을 꿇었다. 나는 그를 안아주고 싶었다—그랬다면 그의 셔츠가 어떻게 되었겠나! 그러나 나는 혼자 할 수 있다고 그를 안심시키고 그가 주는 안내문을 받아서 그를 돌려보냈다.

자, 때로 다른 사람의 유쾌하지 못한 인생에 말려들기 싫다는 나약한 믿음을 가질 때마다 나는 그 젊은 청년을 생각한다. 그리고 그 눈부시게 흰 와이셔츠도.

비가 오는 어느 날 오후 나는 커피숍에 있었다. 그런데 그 기분 좋고 아늑한 분위기가 일순간에 바뀌었다.

한 남자가 들어왔던 것이다. 그는 수염도 깎지 않고 지저분한 데에다 얼굴에는 피까지 흘리고 있었다. 그는 술에 취했거나 남에게 얻어맞은 듯 보였다. 비틀거리며 테이블 한 쪽에 가서 거의 쓰러지듯 앉았고, 종업원이 주문을 받으러 올 때에는 막 잠이 들려 했다.

카페는 일순 정적이 흘렀다. 거기 있던 사람들은 모두 어떤 일이 생길지 숨죽이며 지켜보았다. 저 남자가 소란을 일으키지 않을까? 그는 자신이 주문한 커피 값을 낼 돈이나 있을까? 카페 주인이 저 사람을 내쫓지 않을까?

(한편 그러한 사고방식은 아직은 미숙한 선한 사마리아인이 저지

를 실수였다. 나는 내 좌석에 앉아서 그를 도울 돈이 없음을 안타까워하고 있었던 것이다. 마치 돈이 모든 것을 해결하고, 그를 도울 방법이 그것 밖에 없다는 듯이!)

그때 카페 주인인 자그마한 몸집의 여성이 그 남자가 주문한 커피를 가지고 왔다. 사람들은 숨을 죽이고 그녀가 무슨 말을 하는지 듣고 있었다.

음 … 그녀는 그에게 괜찮냐고 묻고 장작 벽난로 옆으로 옮겨서 몸을 따뜻하게 하라고 권하고는 커피는 그냥 드셔도 된다고 말했다.

몇 분 만에 그 카페는 다시 도란거리는 말소리가 넘쳐나는 행복한 장소가 되었다. 불행한 한 남자가 나타나 그곳의 전체 분위기를 일순간 어둡게 바꾸었다면 이번에는 주인이 다시 그전보다 더 좋게 되돌렸다. '작은 자 중에서 가장 작은 자'에게 지극히 작은 사랑을 베푸는 것만으로!

예수님은 자신의 말씀이 그렇게 우아하게 실천되는 것을 보고 기뻐하셨을 것이다.

래리는 최근에 전자 매체에 접근하지 못했다.

그가 살고 있는 미국의 알라바마 주에 허리케인이 덮쳤다. 그의 집은 일주일 동안이나 전기가 들어오지 않았고, 가족의 친구들 중에는 그 폭풍에 목숨까지 잃었다.

래리는 인터넷을 통해 전 세계의 친구들을 사귀고 있었다. 그중 일부는 그의 웹페이지에 기도문과 연락해달라는 요청을 남겼다. 하지만 물론 래리는 그럴 방법이 없었다. 그는 황폐하게 변해버린 마을에서 자신의 가족과 이웃을 돕느라 정신이 없었다.

그런 그가 인터넷에 한 번 접속하여 놀라운 일을 했다.

메시지들에 답하면서 자신이 무사함을 전해 사람들을 안심시키고 자신의 집 근처에 핀 아름다운 인동줄기의 사진을 몇 장 게시하였다. 그것들은 그 폭풍에도 꿋꿋이 버텨 만개하였다. 그는 자신의 처지를 한탄하며 불평을 하거나 부서진 마을 사진을 올릴 수도 있었다. 하지만 그는 대신 꺾이지 않는 생명의 아름다움을 나누었던 것이다.

진화론자들은 인간 행동의 모든 면은 생존을 향한 동기가 있다고 말한다. 래리는 인터넷으로 자신의 생존만을 생각하여 비명을 질러 도움을 간절히 요청하고 사람들이 자신에게 동정심을 가질 수 있게 할 수도 있었다. 하지만 그는 생활의 작은 아름다움에 대한 감사를 전했다.

그런 행위에는 더 이상 생존만을 문제 삼지 않겠다는 의지를 볼 수 있다. 그렇다면 우리는 왜 그와 같은 일을 하는 걸까?

허리케인과 같은 자연 재해가 있는 곳에도 여전히 우리가 감사할 것들이 있다. 그리고 래리처럼 나에게 우리가 여기에 존재하는 이유는 단지 생존하기 위함이 아니라는 것을 알려준 영혼에게 감사한다. 우리가 여기에 존재하는 이유는 감사하기 위해서이다!

나쁜 일들은 왜 일어나는 걸까?

얼마 전, 아내와 나는 크게 다투었고 갈 데가 없는데도 나는 어딘가로 가버리고 싶었다. 살다보니 가끔은 비극적인 사태를 겪을 때도 있었지만, 그런 때를 극복해가며, 그래도 우리는 잘 헤쳐가고 있다.

어느 날 아침, 나는 다른 도시의 약속 장소에 조금 일찍 도착했다. 하늘은 잔뜩 비를 머금고 있어서 금방이라도 쏟아져 내릴 것 같았지만 나는 산책을 나가기로 했다. 새로 산 방수 코트를 입었으며 돌아갈 따뜻한 집이 있으니, 나쁜 날씨 정도야 즐길 여유가 있었다.

그때 나는 그다지 운이 좋지 못한 사람을 만났다. 부수수한 턱수염에 파란 눈을 한 그 남자는 뼛속까지 젖어 있었다.

"나 좀 도와주려우?" 그가 손을 내밀었다.

"죄송해요." 나도 재정적으로 팍팍하던 때였다.

"나는 맥주 한 잔 값을 벌려고 하는 중이라오."

나는 그의 정직성에 감탄했다. 만약 내가 노숙을 하게 된다면, 맥주 한 잔은 내게도 중요하게 될 것이었다. 나는 주머니에 딱 1파운드 동전 하나가 있었다.

"여기요. 도움이 되시면 좋겠네요."

그는 떠느라고 동전을 집는 것도 힘들어 했다. 비는 전날 밤 그가 자던 침낭을 폭삭 적셨고, 그는 이후로 옷을 말릴 수가 없었다.

"힘드시겠어요."

"내 처지가 이렇게 추락하게 된 것은 그리 어려운 일이 아니었소." 그가 덧붙였다. "그냥 아내와 헤어지고 나니 갈 데가 없어지는 거지. 무슨 말인지 알겠소?"

뺨을 한 대 얻어맞은 것 같았다. 세상에, 무슨 말인지 내가 어떻게 모르겠나!

나는 그와 함께 시내로 향했다. 가는 길에 그는 자신에 대해 말했다. 한때 군인이었다고 한다. 하지만 그가 내게 얘기하고 싶었던 대부분은 그가 최근에 만난 친구들에 관한 것이었다.

그는 길 위에서 살았던 날들이 있었지만 자선 물건을 공급하는 가게 운영자들이 그에게 읽을 책을 주었고, 해변 정박지에서 일하는 또 다른 친구는 선원을 위한 화장실을 사용하고 거기서 샤워를 할 수 있게 해주었으며, 때로 남은 음식을 먹도록 허락한 카페운영자도 있었다.

나는 현금지급기에 들러 남은 잔액을 모두 찾았다.

우리는 자선 단체가 운영하는 가게로 가서 마침 아주 저렴한 가격에 값비싼 중고 방수 겉옷을 구입했다. 그 옷은 그에게 맞춤 옷 같았다. 우리가 필요한 것을 필요한 때에 구했던 것이다. (앞뒤가 척척

맞는 것이 신기했다.)

그 남자는 작은 신발을 구겨 신고 있었다. 나는 수리를 하지 않아도 될 그에게 잘 맞는 신발을 한 켤레 사주었다.

헤어지기 전 나는 그에게 따뜻한 아침식사를 대접했다. 그리고 그의 이름을 물었다.

"빌 … 그리고 … 그리고 …"

"데이비드요." 그리고 고맙다는 말을 할 필요가 없다고 했다. 그와 악수를 하고 그에게 좋은 일이 있기를 기원했다. 빌은 멀어져가면서 말했다. "도움이 어디에서 오는지 참 놀라워요."

빌, 맞아요. 놀라운 일이죠. 하지만 알지 못할 신비는 아니에요. 도움은 하나님에게서 오는 것이니까요. 당신의 다른 친구들과 마찬가지로, 나도 하나님을 위해 일하고 있죠. 그리고 주님은 우리가 필요한 훈련을 모두 받기를 원하시죠.

빌리는 페인트공이면서 인테리어를 한다. 그는 우리 교회에도 선의를 베풀었다. 그는 교회 내벽을 아름다운 색으로 칠 해주기로 했다. 그것도 아주 저렴한 가격으로. 게다가 그는 나에게 교훈을 하나 가르쳐주었다.

나는 그의 페인트칠을 돕겠다고 자원했다. 벽에 페인트칠 하는 정도는 그리 어려운 일이 아니라고 생각했기 때문이었다. 하지만 높은 벽과 천정도 있다는 것은 생각하지도 못했다!

교회 천정은 아름다운 아치형이었고, 우아하고 둥근 오크 기둥은 높이 솟아 있었다. 칠 작업을 하기 위해서는 누군가가 사다리 끝에 매달려 팔을 뻗어야 하는 때도 있었다. 그런 일을 하게 된 사람이 누구일지 맞춰 보시라!

"오, 잘 봐요, 빌리." 내가 말했다. "이런 곳까지 보려면 사다리 저 위로 올라가야만 되잖아요. 아무도 거기까지 올라가서 보는 사람은 없어요."

"그건 당신이 누구를 위해서 일하느냐에 달린 거죠." 빌리는 저 아래 의자에서 소리 질렀다. "교인들을 위해서 하는 거요? 아니면 하나님을 위해서요?"

"그거야 … 하나님을 …." 다른 대답을 할 수가 있겠나?

"그렇다면 당신은 하나님도 이곳까지 볼 수가 없으실 거라고 생각하오?"

나는 오크 기둥에 머리를 가볍게 가서 박았다.

"아뇨." 그래서 나는 끝까지 올라가서 칠을 할 수밖에 없었다.

그렇다면 내 인생의 숨겨진 부분은 어떤가? 몸을 뻗어서 고칠 수 있지만 아무도 보는 사람이 없을 것이라고 판단하고 그냥 둔다면? 하나님은 분명히 그곳을 보실 텐데.

그래서 나는 앞으로는 내 인생에서 등한시했던 부분에 칠을 하기로 했다. 그리고 빌리는? 아마 그는 페인트칠보다는 교회에서 설교를 하는 것이 나을지 모른다!

800년 전, 내 고향은 수도원으로 유명했다. 그 수도원은 나중에 개신교 개혁파 교회가 되었고, 그 웅장한 옛 건물은 화재가 나서 버려졌다가 결국 무너져 내렸다.

그 후 몇 세기가 지나 수도원의 돌들은 그 마을의 건축 공사에 사용되었고, 그 건물 중에는 우리 할아버지와 증조부가 살았던 집도 있었다.

세대를 넘어 광부들, 노동자들, 마차꾼들이 그 문을 통해 매일 아침 일찍 나갔다가 밤늦게 지친 몸을 이끌고 돌아왔다. 그들은 지나가면서 자주 문 위의 돌을 쓰다듬었다. 아내들과 어머니들은 빨래터로 가면서 가족의 옷을 가지고 그 문을 지나다녔다. 메마른 식료품 회사의 물품들도 그곳을 통과했고, 장지를 향하는 사랑하는 사람들의 시체도 그곳을 지나갔다. 맨발의 아이들은 수없이 그곳을 뛰어 지나다녔다.

그 돌은 문의 뚜껑 노릇을 하였고, 그 문으로 가면 단칸방으로 이루어진 12개의 집들이 이어졌다. 그곳은 한때는 수도원 소속이었다. 그 돌 위에 새겨진 글귀는 그 마을의 모토가 되어, 수도승들이 살던 그때만큼이나, 아니 그때 보다 더 하루하루를 버티며 살아야 하는 가난한 사람들에게 적용되고 있다.

그 글귀를 오늘 기억해봄도 나쁘지 않겠다.

"Sine Te Domine Cuncta Ni.l" 즉, "여호와여, 당신이 계시지 않으면, 이 모든 것들이 헛되나이다."

그 글귀를 떠올리며 나는 믿음은 웅장한 건물 안에서가 아닌, 그 가정에서 위대한 역사를 이루는 것이라고 생각한다.

수잔은 사랑스러운 분이지만, 상당히 자신 만의 방식을 고집하는 것으로도 유명하다.

그녀와 그녀의 남편은 최근에 건강 문제로 어려운 시간을 보내고 있다. 아내가 남편을 간호하지 않을 때면 남편이 아내를 돌봐야 하는 식이다.

겨울이 가까이 오자 그들은 혹한기가 오기 전에 집을 좀 손봐야겠다고 생각했다. 특히 그들은 외부 나무 재질의 벽에 칠을 하고 싶었다.

전문가에게 맡길 돈이 없어서 그런 것이 아니라 아마 내가 돈이 필요할 것이라고 생각했던 것 같다. 아무튼 교회 친구를 통해 그들이 내게 일을 맡기고 싶어 한다는 말을 전해 듣고 나는 어떻게 할까 망설였다.

수잔은 예배를 마치고 나서 '협상'을 하기 위해 나를 찾아왔다.

그녀는 내게 ^(먼저 돈을) 지불하여 '예술가의 후원자'가 될 결심을 한 듯했다.

"아침마다 일어나면 저는 하나님께 내가 누군가의 축복이 되게 해 달라고 기도를 올립니다. 당신이 제가 일하기를 원한다는 말을 듣고 제 기도가 응답되었다고 생각했죠. 이 일을 제가 하게 두지 않으시면, 그 기도 응답을 제게서 앗아가는 것이 됩니다. 나에게 일한 값을 쳐주겠다고 고집하시면 저는 돈 받고 일하는 것 외에는 아무 것도 아닌 것이 되죠."

그녀가 턱을 바짝 당긴 모습으로 보아 그다지 설득당한 것 같지 않았다.

"게다가 저는 건강도 있어요." 내가 얼른 말을 이었다. "저는 언제나 건강한 것에 대해 감사하고 있어요. 내가 가진 것을 나누지 않는다면 제가 얼마나 은혜를 모르는 사람이 되겠습니까? 건강을 가지고도 나누지 않으면 가질 자격이 없죠. 교회의 가족인 우리는 서로 사랑하고 우리의 장점과 단점을 나누어야 하는 것이 맞지요."

"하지만 내 일을 하는 시간에는 당신이 글을 써서 수입을 올릴 수 없잖아요." 그녀는 이제는 막다른 골목에 부딪쳤다.

"네, 하지만 나는 집사님 집일을 하면서 머릿속에서 글을 쓸 수가 있어요."

"정 그러시다면," 그녀는 한숨을 내리쉬었다. "제가 졌어요."

"그렇다면 정해진 겁니다." 나는 내 손을 내밀었다.

"나는 지는 걸 싫어하는데!" 그러면서도 수잔은 내 손을 잡고 악수했다.

그 다음 나는 바닷가로 산책을 나갔다. 내 결정은 잘한 것이었을까? 사실 나는 지불해야할 청구서들이 있었기에 일(글쓰기)을 해야 했다. 그리고 이번 페인트 일은 이삼일은 족히 걸릴 작업이었다.

그렇다, 내 일의 생명은 아이디어이다. 그리고 그즈음 아이디어가 잘 떠오르지 않았다. 그런데 바람 부는 산책로를 따라 걷는 20분 동안 아이디어들이 봇물처럼 내 머릿속을 채웠다. 그리고 나는 그 아이디어를 어디에 놓으면 좋을지 알았다. 그 짧은 산책은 아마 삼일의 임금 정도는 되었을 것이다.

집에 돌아온 나는 수잔에게 이메일했다.

"그 아이디어들은 선물입니다. '주라 그리하면 받을 것이라.' 그것이 내가 좋아하는 지불 방식입니다. 그리고 집사님이 그와 같은 방식을 엉망으로 만들지 않을 정도의 믿음을 가지고 계시리라 확신합니다."

감사하게도, 그녀는 동의했다.

수전은 내가 일을 마칠 때 맛있는 애플파이를 구워주는 것에 합의했다. "보너스라고 생각하세요."

그래서 나는 그 보너스를 받았다!

제9장

아들의 혼인 잔치를 벌인 왕과 같은 것

천국은 마치 자기 아들을 위하여 혼인 잔치를 베푼 어떤 임금과 같으니
마태복음 22장 2절

왕은 아들의 결혼을 축하하는 성대한 만찬을 준비했다. 대상자가 되는 많은 사람들을 하객으로 초청했으나 어찌 된 영문인지 정작 잔치에 나타난 사람이 없었다. 할 수 없이 종을 보내 손님들을 데려 와 자리를 채우려 했지만 그들은 도리어 종을 조롱하는 것이 아닌가. 참다못한 왕은 하객으로는 어울리지 않을 법한 사람들도 초대하여 혼인 잔치를 열었다.

이 비유에서 진짜 결혼식을 올리는 이들은 예수님과 그의 교회이다. 이스라엘 백성들은 처음 하나님의 초대를 받은 이들이었다. 하나님은 선지자들을 보내어 이스라엘 백성들이 자신에게 더 가까이

오도록 했으나, 그들 '목이 굳은 백성들'은 계속해서 하나님의 부름을 외면했다. 그러다 하나님은 이방인에게로 방향을 돌렸는데, 그들은 신실한 사람들이었지만 그전에는 인정을 받지 못했었다.

하나님의 원래 의도는 모든 사람들을 하나님 나라로 초대할 계획이었다. 그래서 일차적으로 이스라엘 사람들을 먼저 부르시고 그들을 세계 사람들에게 빛을 전하는 대표적인 예로 삼고 싶어 하셨던 것 같다. 하지만 그들이 그 부르심에 거절한 것으로 보아 대부분의 우리 같이 순전한 믿음을 갖기에는 부족한 것이 증명되었다.

예수 그리스도의 결혼식에 초청을 받는다고 해서 그것이 자기 자신의 어떤 덕목 때문이라고 생각해서는 안 된다. 가난하고 불결하며 심지어 사악하기까지 한 사람도 초청받기 때문이다.

첫 번째 그룹에 속한 사람들은 확실히 초대장을 손에 들고 있는 셈이지만, 두 번째 그룹에 속한 이들에게는 하나님의 마음을 알려 줄, 즉 하나님이 그들을 만나기를 얼마나 원하시는지를 대변해 줄 메신저가 절박하게 필요하다.

그 메신저들은 전혀 예상치 못한 장소에 가서 생각지 못했던 사람들에게 하나님의 마음을 전하라는 명령을 받을 수도 있다. 그렇게 하는 것이 그 잔치가 대성황을 이루도록 돕는 일일 것이다. … 그리고 그 잔치의 주인을 한없이 기쁘게 만드는.

* * * * * *

내 친구가 어떤 프란체스코회[1209년 아시시의 성 프란체스코에 의해 '작은 형제회'로 창설. 청빈정신을 주창하며 편력설교(遍歷說敎)를 통해서 그리스도의 사랑을 전파하는 탁발수도회로 출발함-역주] 수도사 몇 명과 함께 저녁식사를 했다.

음식도 맛있었고 함께 한 사람들도 좋았지만, 그렇다고 그 분위기에 편승해서 이 수도사들은 자신의 의무를 뒤로 미루거나 늦추는 법이 없었다.

수도사들은 주로 도심지에서 사역했고, 그들이 사는 집에는 온갖 종류의 도움을 필요로 하는 사람들이 연신 드나들었다.

식사를 하는 도중에 누군가가 문을 두드렸다. 형제 중의 한 사람이 일어나면서 옅은 미소를 지었다. "주님이실 거야."

20분이 지나 이번에는 초인종이 울렸다. "이번에도 주님이실 거야." 다른 형제가 일어나서 문으로 갔다.

내 친구가 수도사들의 시간과 자선을 그렇게 많이 필요로 하는 사람이 대체 누구인지 막 물어보려는 찰나에 다시 초인종이 울렸다.

세 번째 수도사가 자신의 음식을 밀어내고는 일어났다. 그의 입가에는 다소 지친 듯한 표정의 미소를 지으며 마치 내 친구의 마음을 읽듯이 말했다. "이번에도 예수님이시죠."

이분들은 사회에서 가장 가난한 자들 가운데 예수님이 계실 것이라는 믿음을 가지고 그들을 위해 일한다. 그렇다고 그들이 세상물정 모르는 순둥이들은 아니다. 그들은 어려운 사람들을 돕되, 지혜롭게 일을 처리한다. 그들은 쉽게 이용당하는 사람들은 아니지만, 일단 주고 나면 그뿐이지 그 자선 물품이 어떻게 사용되는지도 일일이 간섭하지 않는다. 줄 것이 있다면 기꺼이 내어준다. 그뿐이다. 그들은 내 것을 아끼지 않고 내어주면 하나님이 대신 채워주시리라는 것을 잘 알기 때문이다.

그러니 당신도 이용당하지 말라. 하지만 자신의 문을 닫아두지 않도록 주의하라. 내 문을 두드리는 이가 누구인지 스스로 물어보라. 혹시라도 우리 주님이실지 누가 알겠는가.

나는 뒷마당 텃밭에 화분을 하나 두고 딸기를 기르고 있다. 지난 몇 주 동안 넝쿨을 뻗기 시작했다.

딸기는 넝쿨이나 줄기를 뻗어가면서 자란다. 그 넝쿨이 비옥한 흙에 닿을 때마다 뿌리를 내려 새로 번식을 하는 것이다.

그 새 줄기가 또 자신의 새 넝쿨을 보내기 전에 잠시 스스로 자라는 시간이 필요할 것이라고 생각할지 모르지만, 그렇지 않다. 새 줄기는 뿌리를 내리기가 무섭게 바로 자신의 새 넝쿨을 보낸다. 자신을 위해 남겨두려 하기보다(어떤 대책을 세우기보다는) 재빨리 자신이 가진 것을 보내고 만다.

누군가 우리를 위해 좋은 일을 해주면 우리는 그 일을 만끽하며, 그로부터 최대의 혜택을 얻으려 한다. 하지만 만약 우리가 딸기 넝쿨이라면(이런 말을 들어본 적은 없지만!) 우리의 첫 반응은 그 축복을 전하는 것, 다른 사람에게 다가가는 것이 될 것이다. … 거기가 비옥한 땅인지 아닌지 모른다고 해도.

지금 나는 원래 화분에서 넝쿨을 채취해서 좋은 흙을 담은 여러 개의 작은 화분에 옮겨 심었다. 딸기는 내가 뭘 하려는지 몰랐을 것이다. 하지만 그 딸기는 고집하지 않고 넝쿨을 보내주었다.

불확실하다고 해서 다른 사람에게 다가가는 일을 멈추지 말라. 딸기 넝쿨처럼 자신이 받은 복을 바로 넘겨주라. 모든 복을 배양하시는 가장 위대한 정원지기이신 하나님께서 당신이 해야 할 선한 행동이 필요한 곳마다 옥토를 제공하실 것이다.

이따금 나는 지역 라디오 방송국에서 믿음에 관한 짧은 이야기들을 '오늘의 생각'이라는 제목으로 내보내는 녹음을 한다.

방송국 사람들은 친절하다. 그들은 여전히 내가 전문적인 신학 수업을 받지 않았다는 것을 모른다. 하지만 이상하게도 그들은 내 마음에서 나오는 내용을 방송하는 데에 상당히 만족하는 것 같다.

음향 엔지니어는 정말 좋은 친구지만 녹음을 할 때에는 소리에 대해 매우 까다롭다. 그 방송국에는 방음실이 없어서 그는 문에다가 녹음중이라는 큼지막한 팻말을 내걸고 주변 사람들에게 조용히 해 달라고 요청을 한다. 옆방의 스튜디오에도 가서 소리를 낮춰달라는 요구도 한다. 때로 우리가 있는 그 방에 다른 사람들이 있어야 하는 때가 있는데, 그런 경우 그는 항상 그들이 침묵하도록 강하게 요청한다.

하루는 방송국에 도착하자 스튜디오 저쪽 끝에 두 사람이 일하고 있었다. 한 명은 컴퓨터 키보드로 작업을 하는 십대 소년이었고, 다른 한 명은 여자였는데, 그분이 거기 있는 이유는 묻지 않아도 알만 했다.

우리는 간단한 인사말을 나누었다. 그때 그 여자 분이 내가 '오늘의 생각'을 담당하는 사람이냐고 물었다. 나는 그렇다고 하면서, 나를 낮추어 '아무도 듣지 않을 것'이라고 농담했다. 나는 일부러 우스꽝스러운 목소리를 내며 두 사람을 향해 손가락을 흔들었다.

나는 늘 그렇듯이 그들이 자리에서 일어나 방을 나가거나, 음향 엔지니어가 그들에게 소음에 대한 주의를 주기를 기다렸다. 하지만 그런 일은 일어나지 않았다. 그리고 우리는 녹음을 시작했다.

나는 마이크 조절과 읽고 있던 대본에 집중했는데, 그럼에도 내 눈길을 이따금씩 돌리게 하는 빠른 움직임을 감지했다.

살짝 쳐다보니 아까 그 아주머니가 소년에게 말을 하고 있었다. 수화였다! 아~하. 그는 청각장애인이었다. 그런데 나는 금방 그에게

들을 만하지 못하다는 투의 말을 했던 것이다.

살짝 민망해진 나는 대본을 계속 읽어나갔지만 혀가 꼬이지 않도록 주의해야 했다.

소년은 내가 녹음을 하는 동안에도 여전히 일하고 있었다. 나는 그의 손가락이 키보드 위에서 움직이며 내는 탁탁탁 소리를 들을 수 있었다. 내가 옆에서 그 소리를 들었으니 아마도 녹음에도 들어갈 확률이 컸지만 이날따라 분주한 엔지니어는 알아차리지 못한 것 같았다.

첫 이야기가 끝나자, 키보드 소리도 그쳤다.

여섯 개의 이야기를 녹음한 것이 그날의 작업분량이었다. 내가 자리에서 보니 소년이 나에게 박수를 보내고 있었다. 키보드 소리가 그친 것으로 보아 그가 자신의 일을 중단하고 나에게 정신을 쏟고 있었던 것 같았다. 그는 자신의 도우미이자 수화통역자에게 내가 무슨 말을 하고 있느냐고 물었다고 한다. 그녀가 '하나님, 믿음, 사랑'이라고 알려주자 그는 내 녹음을 듣고 싶어 했다.

그래서 내가 입으로 하는 말을 그녀가 손가락으로 통역했던 것이다.

엔지니어가 자신의 파일을 정리하는 동안 소년은 손을 들어 올려 간단한 수화를 했고, 그것은 '멋져요!' 라는 말이었다.

방금 녹음했던 이야기들은 이주 후에나 방송이 될 예정이었지만,

나는 그 이야기들이 벌써 내가 듣지 말라고 말했던-그리고 실제 귀로는 들을 수는 없었던- 그 영혼을 건드렸다고 생각한다.

하나님의 말씀은 손으로 하는 말을 통해서도 전해지는 법이다!

우리는 왜 고통을 당할까? 우리가 겪는 고난에 어떤 의미가 있단 말인가?

오, 나는 하나님이 우리의 인생을 이미 다 그분의 계획 속에 가지고 계시다는 것과 고난도 그 중의 중요한 부분을 차지할 것이라는 것쯤은 안다. 하지만 때로는 우리의 고통에서 어떤 선한 것이 있을 수 있는지 이해하기 어렵다.

믿음을 가지기 힘들어하는 내 딸에 대해서 이야기해 보겠다. 믿음을 기르기에는 내 딸은 너무 바쁘다. 그녀는 내가 신앙을 가진 것에는 불만이 없지만, 자신도 나와 같은 사람이 되고 싶어 하지는 않는다. 대화를 한창 하다가도 믿음에 관한 주제가 나오면 재빨리 그리고 부드럽게 화제를 돌리고 만다.

지난 번 딸이 전화를 해서 내게 어느 블로그 사이트의 이야기를 읽어보라고 했다. 그러면서 그 사이트는 신앙이야기라고 마치 나에게 미끼를 던지듯이 말했다. 물론 나는 그 미끼를 물었다. 왜냐하면 그 아이가 자발적으로 그런 주제를 꺼낸 것이 기특했기 때문이었다.

그 블로그는 딸과 같은 학교를 다녔던 청년이 온라인 일기 형식으로 쓴 것이었다. 그 청년은 딸과 같은 지역에서 컸고, 많은 경험과 친구를 공유했다. 그들의 생활은 매우 비슷했지만, 어떤 일로 그는 신앙에 헌신하게 되었다. 결국 그는 성경대학에 가서 전도사가 되었다.

그런 그가 전립선암을 앓게 되었다.

내 딸은 그의 병에 대해 내가 어떻게 생각하는지 알고 싶어 했다. 나는 의례적인 대답보다는 질문을 하는 딸의 마음에 공감하고 싶었다. 나는 신실한 그가 암에 걸린 것이 너무 안타까웠고 딸이 왜 그의 스토리를 내가 읽기 원했는지 궁금하다고 말했다.

딸은 그 친구의 사정에 깊이 감동되었는데, 그것은 그 비극성 때문이 아니라 두려움과 절망으로 인해 그가 자신의 믿음을 재점검하게 되었기 때문이라고 털어놓았다. 그는 그런 시련의 때에 온갖 의심에 시달렸다. 그는 자신의 신앙이 이러한 때를 이길 만큼 강한지 물었다. 하나님에 대한 자신의 사랑은 진실한 것인가? 그동안 스스로를 속이고 있었던 것은 아닌가? 27살의 나이에 생명을 잃는다면, 천국에서 어떤 보답을 받을 것인가?

그의 모든 의심이 블로그에 적나라하게 펼쳐져 있었다. 그리고 그의 의문에 대한 답은 마침내 '하나님은 살아계신다'는 것이었다!

나중에 모든 치료가 끝나고 그는 우리가 바랐던 대로 병이 낫고 완전하게 회복되었다. 하지만 그 간접 경험은 내 딸의 세계관을 뒤

흔들었다. 같은 말이라도 아빠가 하는 것과 동급생이었던 친구의 삶과 죽음의 기로에 섰던 이야기로 듣는 것과는 사뭇 다르리라.

나는 내 딸도 언젠가는 믿음을 갖게 될 것이라고 희망한다. 그리고 그런 일이 있게 되는 이유는 아마도 내 말 때문은 아닐 것이다. 그 친구와 같이 고통을 통과하고 스스로 의미를 부여한 경험에 의한 것이 될 것이다.

스코트라는 청년은 분명 왜 하나님께서는 자신에게 그런 질병을, 특히 자신이 최선의 신앙생활을 하고 있을 때에 주셨는지 의문을 가졌을 것이다. 그래서 나는 그에게 그의 고통이 내 딸에게 어떤 영향을 미쳤는지, 그리고 의심의 여지없이 그가 만나지 않았던 많은 사람들에게도 영향을 미쳤을 것이라고 말해주었다.

우리가 하나님이 왜 우리를 고난의 때를 통과하게 하시는지 그 이유를 알게 될 날은 이 땅에서는 오지 않을 수도 있다. 하지만 때로 우리는 그 질문에 다른 사람이 대답하도록 도울 수는 있다.

예수님이 내가 사는 마을 도서관에서 책을 읽고 계셨다. 정말이다! 나는 그분을 거기서 뵈었다!

나는 일을 하려고 도서관 한적한 한 귀퉁이 탁자에 자리를 잡았다. 하지만 두통이 나서 집중을 못하고 딴전을 피우게 되었다. 최상의 컨디션일 때에도 쉽사리 집중이 흐트러지는 나인데, 게다가 지금은 컨디션도 좋지 못한 상태니 말해 무엇하랴!

주변을 둘러보다가 다른 책상에서 독서를 하고 있는 한 남자를 보았다. 한 손에 책을 들고 옆에는 손이 많이 탄 성경책을 펼쳐두고 있었다. 그리고 종종 뭔가를 참고하듯 성경을 찾곤 했다.

내 다른 쪽에는 한 눈에 보아도 불량배인 듯한 사람이 있었다. 그는 뒷목에 문신을 했고 만화책을 읽고 있었다. 그는 성경책을 가진 남자를 쳐다보고는 혼자 뭐라고 중얼거리다가 다시 만화책을 보았다.

나는 호기심에서 그리고 다른 한편으로는 일을 하기 싫어서 이 두 사람에게 무슨 일이 일어날지를 눈여겨보았다. 나는 싸움을 하게 되지 않을까, 만약 그렇다면 내가 그 사이에 끼어들어 말릴 용기가 있을까 내심 계산하고 있었다.

그 불량배는 성경을 펼쳐 둔 남자를 계속해서 바라보았지만, 어떤 표정이었는지까지는 알 수 없었다. 마침내 그는 자신의 만화책을 내려놓고 의자에서 일어나 곧바로 예의 그 성경책 남자에게 걸어갔다. 나는 숨을 멈추고 앞으로 벌어질 일을 기다렸다. 하지만 다음 순간 나의 예측은 맥없이 무너졌다.

"제게 문제가 있는데요," 그가 나지막하게 말했다. "말씀 좀 나눌 수 있을까요?"

"물론이죠." 성경책 남자가 이렇게 말하면서 자기 옆에 비어 있는 의자를 가리켰다. "앉으세요."

한 명은 40대 초반, 그리고 다른 한 사람은 몇 년쯤 더 젊어 보이는 그들이 보통 평범한 남자들이 맥주나 앞에 두고 앉으면 어울릴 법한 모습으로 그 자리에서 대화를 하기 시작했다.

그 불량배는 상대방에게 자신의 음주 문제와 분노에 대해 말했다. 성경책의 남자는 간혹 고개를 끄덕이며 그의 말에 집중했다. 그가 자신이 어떻게 가족에게 피해를 끼쳤는지 얘기할 때에, 성경책의 남자는 자신이 어떤 잘못으로 아내와 자식을 잃게 되었는지를 말했다. 그는 부드럽게 말하기를 "아름다운 예수 그리스도"를 발견하게 되었으며 자신의 인생을 새로 정비하고 있다고 말했다. 그는 알코올과 분노가 마귀의 공격에서 올 수 있다고 했다. 불량배처럼 보이는 그가 책상 위로 더 바짝 몸을 기대는 모양은 마치 그곳을 안전지대나 되는 것처럼 여기지 않았나 하는 생각을 불러 일으켰다.

그들의 대화를 다 엿듣는 일은 무례한 일이 될 터라 나는 자리에서 일어났다. 나는 그 두 용감한 사람들에게 말없는 '감사의 인사'를 했다. … 그리고 그들을 움직인 성령께도. 한 남자는 자신의 신앙을 이름표처럼 내놓고 낯선 사람이 다 알아보게 할 용기가 있었고, 다른 한 사람은 자신이 싸움에서 지고 있음을 알고 낯선 사람에게 도움을 청할 정도로 용기가 있었다.

우리는 종종 우리가 쓰고 있는 가면으로 인해 진정 나는 누구인지 혼란스러울 때가 있다. 하지만 우리가 잠시 그 가면을 벗어놓으면, 우리는 본래의 내 모습이 그리 낯설지 않음을 발견하게 될 것이다.

하나님을 사랑하는 자에게는 모든 일이 합력하여 선을 이룬다.
모든 일? 그렇다면 학대와 폭력은 어떤가?
한 지역 교회에서 부활절 모임을 근처 쇼핑몰 밖에서 가졌다. 백여 명 되는 교인들이 모여 연주대에 섰다. 목사가 하나님을 찬양했고, 모여 있던 교인들이 찬송가를 불렀다. 마침 근처를 지나가던 줄리와 나도 걸음을 멈추고 합세했다.

그때 찬송가 한 곡이 끝나자, '찰리'라는 사람이 나와 자신의 간증을 했다. 그는 자신이 범죄자요 사람들을 상하게 했던 마약 사범이었다고 말했다. 그가 예수님을 만났다.

찰리는 자신이 어떻게 예전의 그 남자와 다른 사람이 되었는지를 말하다가, 군중 속에서 (우연히) 낯익은 얼굴 하나를 발견했다. 그는 그녀를 자신의 '전처'라고 소개를 하고, "나중에 얘기합시다."라고 그녀에게 말을 건넸다.

하지만 그녀는 지금 당장 말하기를 원했다. 그녀는 자신이 찰리를 어떻게 생각하는지에 대해 감추지 않았다. 그녀는 그에게 저주를 퍼붓고 욕을 했다.

찰리는 전처가 말한 모든 것이 사실이라고 하면서 하지만 지금은 다른 사람이 되었다고 덧붙였다. 하지만 그녀는 그가 거짓말을 하고 있으며, 결코 변할 사람이 아니라고 소리를 질렀다. 몇 분이 지나 그녀는 닭똥 같은 눈물을 흘리며 흐느꼈다.

모임의 인도자인 목사는 사태를 진정시키고자 했다. 하지만 찰리 전처의 엄마가 연주대 뒤로 바람처럼 달려들어 그의 뺨을 치고, 모여 있던 사람에게 찰리가 손자의 목에 칼을 들이대고 창문으로 던져버리겠다고 위협했었다고 폭로했다.

그는 그 말도 부인할 수가 없었다.

그녀가 자리를 떠난 후 찰리는 사람들에게 이렇게 말했다. "저는 그렇게 나쁜 놈이었습니다." 그는 그 자리를 벗어나 가버렸고, 지금 함께 사는 아내가 연주대로 나와 눈물을 흘리며 자신의 남편이 얼마나 좋은 남자인지를 우리에게 설명했다.

우리는 찬송가를 몇 곡 더 부르고 우리가 목격한 그 상처가 치유되기를 위해 기도했다. 하지만 그 일은 교인들에게 큰 충격이었다. 다 끝나고 나서 줄리와 나는 찰리와 그의 아내를 찾아 다가갔고, 사람들 사이를 뚫고 손을 내밀어 그와 악수를 하며, "옛날의 일들은 당신을 몇 년 동안이나 공격할 것입니다. 하지만 새로운 삶을 시작하게 되신 것을 환영합니다!"라고 위로했다. 그는 나에게 고맙다고 하면서, 예전의 일들이 '악마의 행동'이었다고 말했다.

그러자 줄리가 말했다. "아뇨. 그래도 그것은 하나님 안에서 일어난 일이었어요."

그와 헤어져 오면서 나는 줄리에게 무슨 뜻으로 그런 말을 했는지 물었다. "뭐, 그건 그런 흉한 일이 없었다면, 찰리는 좋은 말만 하는 평범한 사람이었지요. 하지만 이제 우리는 그가 어떤 일을 겪었는지 그리고 그것을 어떻게 극복하는지 알게 되었잖아요."

하나님에 관한 한 이런 일이 처음 있는 것도 아니지만, 나는 '와!' 하고 아내의 믿음에 감탄할 수밖에 없었다.

나는 찰리를 몇 년이 지난 뒤에야 다시 만났다. 그는 쇼핑몰 사건으로 인한 충격으로 두 달 동안 교회를 가지 못했다고 했다. 하지만 그 후 사람들이 그의 간증을 듣고 자신의 인생이 바뀌었다는 말을 들려주기도 했고, 게다가 반항하던 십대의 아들도 방황을 멈추고 그에게 돌아오게 되었단다.

그것은 사실이다. 하나님을 사랑하는 사람들에게는 모든 일이 합력하여 선을 이룬다. 모든 일이 말이다. 심지어는 폭력적인 일들도 예외는 아니었다.

내 이웃 휴와 나는 종종 신앙에 관한 열띤 논쟁을 벌이곤 했다. 휴는 하나님을 믿지 않았다. 그가 하나님의 전화를 받던 그날 밤 전까지는.

휴가 한밤의 단잠에 취해 있을 때 아래층에서 전화벨이 울렸다.

그는 잠결에 시계를 보았다. 3시 10분이었다! 그 시간에 오는 전화는 분명 나쁜 소식일 수밖에 없었다. 놀란 휴는 급히 내려오다가 계단에서 굴렀다. 그는 허리를 다치고 얼굴에 멍이 들었을 뿐 아니라 숨쉬기도 힘들었다.

막 몸을 추슬러 전화를 받으려는 순간 전화벨이 멈췄다.

휴는 갑자기 수상스런 냄새가 퍼지고 있음을 느꼈다.

인상을 찌푸리며 그는 냄새를 따라 계단참을 더듬었다. 문을 열고 보니 뭔가 타는 독한 냄새가 코를 찔렀다. 휴는 번개같이 두꺼비집을 차단했다.

아침이 되어 휴는 전기 기술자를 불렀고, 그 기술자는 상황을 조사하고는 몇 초만 늦었더라도 그가 자는 동안 대형 화재가 날 뻔 했다고 말해주었다.

가슴을 쓸어내린 휴는 도대체 누가 그 시간에 전화를 했는지 알아보았지만 그럴만한 사람을 찾을 수가 없었고, 발신자 전화번호도 남아 있지 않았다. 하지만 그는 전화벨이 울리지 않았더라면 어떤 일이 생겼을지 생각할 때마다 지금도 모골이 송연하다고 말한다.

믿음에 관한 우리의 논쟁은 요즘 그다지 활발하지 않다. 대부분 휴는 관심 있게 듣는 편이다. 그는 그날 밤 자신을 지켜주었던 그분에 대해 더 알기를 원한다.

만약 내가 하나님의 전화번호를 얻어서 그가 직접 '감사합니다.'

라고 말할 수 있게 연결시켜 준다면 휴는 정말 기뻐할 것이다.

 십대인 딸 에이미와 내가 글라스고우에 쇼핑을 하러 갔다. 그런데 놀랍게도 에이미가 먼저 믿음에 관해 내게 질문을 던졌다. 나는 믿음이란 교회나 찬송가 그런 것에 관한 것이라기보다는 자기 자신과 만나는 모든 사람 속에서 하나님을 발견하는 것에 더 가깝다는 말로 내 생각을 요약했다.

 그때 우리는 지나가는 행인들로 분주한 길을 가다가 상당히 '적극적인' 〈빅 이슈〉 판매원을 스치게 되었다. 사람들이 자신에게 오기를 기다리기보다 그는 사람들에게 다가가 잡지를 사달라고 부탁했다. 그래도 그다지 많이 팔리지는 않았다. 나는 에이미가 가볍게 그 사람을 피해 지나갈 수 있도록 팔을 붙잡았다.

 그런데 나는 그가 자신이 들고 있던 잡지 뭉치로 자기의 이마를 치는 것을 보았다. 좌절한 마음을 표현하는 몸짓이었다.

 그의 몸짓을 보니 나는 그를 못 본 척 지나가려던 내 방향을 바꾸게 되었다. "안녕하세요."라고 인사하자 그는 내가 잡지를 사려는 것을 눈치 채고 손을 내밀었다. 돈을 요구하는 것이 아니라 나와 악수를 하기 위해서였다.

 그는 얼마나 고마운지 모르겠다고 했다. 거의 5시간 동안 거리에 있었지만 겨우 7부를 팔았을 뿐이었다.

잠시 우리는 대화를 나누었다. 에이미는 그의 말을 들으면서 웃었다. 나는 돈을 건네면서, "일이 잘 풀리기를 바랄게요."라고 덕담을 했다.

그는 잠시 그 말을 생각하더니 미소를 지었다. "이미 그렇게 되고 있어요, 벌써요."

우리는 다시 길을 걸었고, 에이미는 이런 말을 했다. "그러니까 하나님은 저 사람에게도 계셨군요, 그렇죠?"

맞다. 나도 잠시 잊고 있었던 사실이었다.

주인을 기쁘게 하려는 성향이 강한 개들이 있는 반면, 우리 엄마의 보더 콜리는 기쁘게 하려는 성격이 무척 강하다. … 다름 아닌 자신을 기쁘게 하려는!

산책을 데리고 나가보면 나는 그 녀석이 자신이 나를 데리고 나간다고 생각하리라는 것을 짐작할 수 있을 정도이다.

원래 양을 치는데 이용되었던 종자인 만큼 그놈은 보는 것마다 몰아넣으려고 한다. 지나가는 행인이나 자전거를 탄 사람이나, 심지어는 트럭마저도! 그래서 주변에 사람이 있거나 자동차 근방에 가게 되면 나는 목줄을 길게 해서 꼭 매어둔다.

내가 1미터를 늘이거나 5미터를 늘여주거나 벤은 줄이 짧다고 생각하는지 여전히 더 앞으로 나가고 싶어서 어깨에 힘을 준다. 만약 내가 목줄을 20미터로 늘이더라도 여전히 더 나가서 갈 수 있는 최대한 끝까지 가려 할 것이다.

때로 벤은 너무 힘껏 뻗대는 바람에 목줄이 팽팽해져서 몸이 튕겨질 정도까지 힘을 준다.

생각해보면 우리 인간들이 사는 방법도 개들과 크게 다르지 않다. 우리는 끝까지 한계를 시험해보려 한다. 어떤 때에는 그렇기 때문에 위대한 발견이 이루어지기도 하나 대부분 그 한계에서 우리는 넘어지거나, 벤의 경우처럼 튕겨지기 일쑤이다. 그 바깥은 재미도 있지만 위험도 도사리고 있다. 한두 번 탐험으로는 재미있을지라도 매사에 그렇게 살 수는 없는 일이다.

나는 벤이 내 손과 그 줄의 끝 사이에도 충분한 공간이 있고 그 공간에서 우리 둘이 함께 안전하고 만족하게 산책을 즐길 수 있다면 얼마나 좋을까 하고 바란다.

때로 벤은 자신의 한계와 투쟁하기에 지치기도 한다. 그런 때는 입에 자기의 목줄을 물고 걸으면서 자신이 스스로 걷고 있다고, 자신이 어디로 가는지 무엇을 하는지 판단하고 있다고 나름 행복한 확신을 가진다. 물론 그건 사실이 아니다.

사람도 마찬가지이다. 스스로 자신을 통제할 수 있다고 확신하며, 자신의 도덕적 기준을 세울 수 있다고 생각하며, 하늘에서 세워놓은 한계를 무시할 때가 얼마나 많은가? 물론 그것은 그런 한계가 우리를 안전하게 지키기 위해 세워졌음을 제대로 알지 못하기 때문이다.

주변에 다른 사람들이 없는 한가로운 운동장 같은 곳에 가면 나는 벤을 잠시 자유롭게 풀어준다. 그 녀석은 좋아라 하고 뛰어 다닌다. 그때 두 마리의 더 크고 무섭게 생긴 개들이 덤불 속에서 불쑥 나타나 우리 길을 막아서며 이빨을 드러낸다. 그 개들을 데리고 가던 사람이 그들을 불러들인다.

그럴 때 벤은 어디 있는가 하면, 바로 내 옆에서 우리가 산책을 시작할 때는 그렇게 싫어서 저항하던 목줄을 그리워하며 그 안전함을 애타게 찾고 있는 것이다.

위험이 코앞에 닥치면 벤은 그제야 자신이 주인이라는 생각을 버리고 나를 향해 돌아선다. 마치 우리가 위험을 느낄 때 본능적으로 하나님을 향하는 것과 같이.

우리가 하나님을 필요로 할 때 바로 그 자리에서 하나님을 찾게 되는 것이 그리 놀랄 일인가? 하지만 하나님은 우리가 그분의 방식에 저항할 때에도 바로 거기 계신다(우리가 알아차리기를 바라시며).

우리가 스스로 자신의 길을 선택해서 아무런 위험도 만나지 않을 것처럼 걸어가고 있을지라도.

내가 그를 보고 있었던 것처럼, 다른 사람들도 그를 지켜보았다.

버스에 앉은 그는 분명히 금연을 해야 할 곳임에도 천연덕스럽게

담배를 피우고 있었으며, 이른 아침이었는데도 몸에서는 술 냄새가
났다. 수염은 깎지도 않았고, 지저분하게 낡은 옷을 입었다. 그런데
자신만큼이나 낡은 성경을 읽고 있었다.

그는 자신의 등 뒤에서 피어오르고 있는 불만의 기색에는 전혀 무
심해보였다.

"저 사람 좀 봐." 어떤 여자가 말했다. 그녀의 친구가 맞장구를 쳤
다. "저 모양을 하고 성경을 읽다니 뻔뻔해!"

나는 저런 사람은 성경도 읽을 자격이 없다고 생각하는 것인가 묻
고 싶었다. 어쩌면 그들은 그가 성경의 신성을 더럽힌다고 생각했을
지 모르겠다.

하지만 잘 풀리지 않았던 그 남자의 인생의 모든 '상처투성이들'
가운데, 그래도 작은 평화가 존재하고 있다면 그건 아름다운 일이
아닐까? 소리도 없이 사라졌던 소망이 슬그머니 들어와 그를 지켜
주었을 것이다.

현대의 바리새인들이 옷매무새가 단정치 못한 남자는 성경을 읽
을 자격도 없다고 생각하는 대신에 성경을 진심으로 읽었더라면, 그
들은 예수님이 이 땅에 오신 것은 건강한 자들을 위해서가 아니라
병든 자들을 위해서임을 깨닫게 되었을 것이다.

굳이 사람을 나누자면, 성경은 분명 누더기를 걸친 여행자들을 위
한 것이다.

하지만 사랑이 부족한 그 탐탁지 않은 표정의 여자들 또한 '아픈 자'라고 말할 수 있겠다. 그들에 대해서 너그럽지 못한 나 자신도 포함해서 말이다. 누가 가장 병든 자인지는 중요하지 않다. 처방은 누구에게나 같다. 그래도 버스에 탔던 그 남자는 자신의 약을 복용하는 중이었다.

전설적인 브로드웨이의 제작자이자 감독인 할 프린스(Hal Prince)가 〈캣츠(Cats)〉라는 작품을 감독해달라는 요청을 받았을 때 (그는 이 작품은) 미국 청중들이 이해하지 못할 것이라고 생각했다. 교육을 받은 프린스는 그 작품이 T. S. 엘리오트의 시에 기반을 두고 있다고 알고 있었다. "그건 정치 풍자극이 아닌가요? 한 고양이는 빅토리아 여왕을, 그리고 다른 고양이는 글래스톤이나 디스데일리를 상징하는 거죠?"라고 그가 물었다.

대중의 인기를 얻고 있던 그 작품의 창작자인 앤드루 로이드 웨버는 재밌다는 표정을 지으며 몸을 기울이고 말했다. "할, ⋯ 이건 말예요, 그냥 고양이에 관한 이야기예요."

때로 우리는 과도하게 분석하다가 진정한 의미를 놓치고 만다. 상세하게 분해하는 데에 초점을 두다 보면 큰 그림을 놓치는 것도 같은 맥락이다. 위대한 학자들이 수 세기에 걸쳐 성경을 해석해 놓은 것들도 많고, 수도 없이 많은 주석서가 출간되었으며, 서로 다른 그

내용들은 결국에는 많은 교회의 종파들이 생기게 한 원인이 되었다.

물론 성경은 여러 가지로 해석할 수 있는 책이긴 하지만, 그 참다운 의미가 몇 년 이상 학자들을 괴롭게 할 만큼 모호한 문장 속에 숨겨져 있는 것은 아니다. 그것은 우리 모두가 알아 볼 수 있는 글로 되어 있다.

제자 마태는 이렇게 표현했다. "예수께서 이르시되 네 마음을 다하고 목숨을 다하고 뜻을 다하여 주 너의 하나님을 사랑하라 하셨으니 이것이 크고 첫째 되는 계명이요 둘째도 그와 같으니 네 이웃을 네 자신 같이 사랑하라 하셨으니"(마 22:37-39).

성경은 정치에 관한 것도, 전쟁에 관한 것도, 심지어는 기적에 관한 것도 아니다. 물론 고양이에 관한 것도 아니다. 다만 성경은 사랑에 관한 것이다.

눈으로 포근하게 덮인 요크 시는 아름다웠다. 그 도시에는 오크 기둥의 건물들이 열 지어 서 있는 좁고 굽은 도로들과 성채와 수도원이 각각 하나씩 있다. 눈은 그 그림의 완성도를 높여주는 화룡점정이다.

한때 눈이 오는 계절에 줄리와 나는 요크에서 대학을 다고 있던 큰 딸 니콜라를 만나러 갔다. 우리가 묵었던 호텔은 서로 다른 오래된 건물들이 섞여서 마치 하나의 유기체를 이룬 듯이 보였다. 그곳은 천정이 낮았고 바닥은 생각 없이 걷다보면 넘어지기 딱 알맞을 정도로 경사가 졌지만 그래도 무척이나 매력적이었다.

그곳에서도 내 일을 위해 와이파이가 터지는 곳을 찾다보니 회랑이 끝나는 곳이었다. 그곳은 철 계단으로 나가면 외부로 나갈 수 있게 되어 있고, 사람들이 앉을 수 있는 의자들이 배치되어 있었다. 삼면이 창인 그곳에는 조명이 한결 부드러웠다. 어두운 겨울 저녁에 그곳에 앉아서 노트북을 켜고 더 넓은 세상에 연결되기를 기다리며 나는 막 새로 내린 눈과 가로등의 조명으로 덮인 잔디밭을 내려다보았다.

그 평화와 아름다움은 최면에 걸린 것 같은 비현실적인 느낌을 주었다.

그때 20대 후반이나 될 듯한 남녀 한 쌍이 팔짱을 끼고 깔깔 웃으며 나타났다. 어디에서 오는지 모르겠지만 아주 즐거운 시간을 보내고 온 듯했다. 그들은 그 깨끗한 때타지 않은 천연의 백색 양탄자 앞에서 멈춰 서로를 쳐다보았다. 그래도 될지 서로 눈빛을 교환하는 것 같았다. 그들은 감행했다!

데이트를 위해 입고 나온 옷과 신을 신은 채 그들은 눈 위로 살금살금 걸어 올라가 눈으로 천사를 만들며 내내 하하거렸다.

내가 나의 고적함을 깨트린 그들 때문에 짜증이 났을까? 전혀 아니었다! 오히려 나는 높은 곳에서 그 장면을 볼 수 있게 되어 기뻤다. 그들이 만든 두 개의 천사는 하나는 작고 다른 하나는 조금 더 컸지만, 손이 있어야할 곳에 '날개'를 달고 있어서 더욱 아름다웠다.

그 남녀는 잠시 길로 물러나 자신의 예술작품을 말없이 감상했다. 그러다 청년에게 어떤 생각이 났는지 천사들의 머리 주변에 조심스럽게 후광을 그렸다.

그들은 서로 키스를 하고 마치 어린 아이들처럼 행복해하며 자신의 길로 사라졌다.

그들은 천사라면 후광이 있어야만 한다고 생각했던 걸까? 그 순간의 평화에 더하여 작은 무엇인가가 더 필요했던 것일까? 아니면 우리 각자의 내면에는 신성한 무엇인가가 있다는 인식을 무의식적으로 하게 되었던 것일까?

거룩하신 하나님의 피조물인 우리는 가장 높은 사람에서 가장 낮은 사람까지, 최고로 존경할 만한 이에서 가장 평판이 안 좋은 이까지, 진실한 우리의 모습을 알아볼 수만 있다면, 모두 작은 후광 정도는 가질 자격이 있는지도 모르겠다. 물론 그 시대 후광이 그려진 그림 속의 모든 성인들도 한때는 당신과 나와 같은 평범한 남자요 여자였던 것이다. 그리고 그들이 그런 성인이 될 수 있었다면, 우리도….

그 젊은 친구들이 그 눈 천사들 위에 마지막 손길을 더하게 만든 생각이 무엇이었는지는 내가 알 도리가 없지만, 나는 그 자리에 오래 동안 서서, 인터넷에 대해서는 모두 잊고, 그들을 내려다보며, 내 앞에서 눈 위에 그려진 그 거룩함에 대한 예상치 못했던 수업에 대해 생각했다.

당신이 가장 절박한 순간에 익명의 사람이 남긴 위로의 메시지를 받은 적이 있는지 모르겠다. 내 경우는 없다.

그런데 최근에 내가 직접 그런 종류의 메시지가 되었던 경험을 말하려고 한다.

며칠 전, 나는 슈퍼마켓으로 걷던 중에 길가 길게 자란 풀밭에 넘어진 광고판을 발견했다. 그 광고는 겁에 질린 아이가 마귀에게 몰려 구석에서 웅크리고 있는 모습을 표현한 것이다. 그 광고판은 마약 남용으로 인한 정신적 문제를 다루는 자조그룹을 위한 것이었다. '피해망상!' 이라는 단어가 맨 위에 비명을 질렀다.

손재주가 좀 있는 편인 나는 게다가 마침 가방에 플라스틱 전선을 가지고 있었다. (말하지 않아도 나도 인정한다. … 오지랖이 넓다는 것을!)

나는 그 광고판을 일으켜 철책에 고정시켰다. 아주 작은 선행이지만, 누구라도 그 광고를 보고 도움을 얻는다면 가치가 있지 않을까?….

그 광고판에 내 마음이 쓰인 것은 부분적으로는 그 단체가 내가 자란 마을에 있었기 때문이다. 그 마을에 아직 살고 있는 내 동창들도 어쩌면 그로 인한 도움을 받을 대상이 될지도 모를 일이다.

돌아오는 길에 다시 그 광고판을 보았다. 맨 밑에 전화번호가 보이고 진리가 당신을 자유롭게 하리라는 성경 구절이 보였다. 그 말씀은 단순히 어떤 효과를 주려고 하는 것일까? 아니면 그들이 일하는 사역의 한 영적 요소일까? 나는 영적인 원인일 것이라고는 자신할 수 없었다. 내 경험에 의하면 그 마을에서 종교는 축구, 술, 마약, 그리고 일과 같은 우선순위 목록 그 어디에서도 찾기가 힘들기 때문이다.

하지만 누군가는 그런 전형적인 삶에서 벗어났던 것이다. 누군가가 무엇인가를 하고 있다. 아마 포스터에 있는 이름을 가진 그 사람이 다른 사람을 돕기 위해 발 벗고 나선 모양이다.

내 손가락이 주머니 속에 들어 있는 전화기를 만지작거렸다.

남들을 위해 나선다고? 우리 고향에서 남자는 주먹을 쥐고, 아니면 칼을 쥐고 나서는 일이 태반이다. 그는 어떻게 사랑으로 누군가를 위해 나설 생각을 하게 되었을까? 내가 격려하고 싶은 마음에 그에게 전화를 한다면 그는 나를 비웃지 않을까? 심지어는 내가 무슨 말을 하는지 모를 수도 있지 않을까?

전화기는 내 손 안에 있었다. 차들이 쌩쌩 지나가는 시끄러운 도로 한쪽에 서서 나는 문자를 쳐서 날렸다. 그와의 문자 대화는 이런 식으로 진행되었다.

나: "포스터를 봤네요. 좋은 일에 박수를 보냅니다."

그: "감사합니다. 누구세요?"

나: "그냥 지나가던 행인. 광고판이 길에 쓰러진 걸 보고 고정해두었어요. 근처 사는 데이비드라 함."

나는 다음 줄에서 망설였다. 내 고향의 마약과 피해망상에 대해 이 낯선 사람에게 어떤 말을 해주는 것이 좋을까? 그러다 이렇게 덧붙였다. "진리가 당신을 자유하게 할 것입니다!"

나는 이 말에 대해 어떤 답이 올까 기다렸다.

그: "대단히 감사합니다, 데이비드. 진리는 정말 당신을 자유하게 하는군요. 하나님의 축복이 있으시길!"

맞다! 효과가 있었다!

나: "정확히! 계속해서 그분의 일을 하시길."

그러자 그 모든 일을 보람 있게 만든 문자가 왔다.

그: "감사, 데이비드. 나는 정말 그게 필요했어요."

나는 이 남자가 어떤 일을 겪었는지, 그가 하루를 어떻게 보내고 있는지 몰랐지만, 내 자신이 그의 '익명의 목소리'가 되었음을 알았다. 나는 그 일을 제대로 해낼 용기가 있는가?

나: "넵, 그게 하나님의 방식이죠! 기억하세요―당신이 사랑받고

있음을!"

거기에, 하나님의 사랑은 바로 거기에 있었다. 혹시 그는 그냥 나를 이상한 놈이라고 치부하지 않을까?

그의 마지막 문자를 읽으면서 나는 크게 안도했다.

그: "아멘, 친구여."

그러고 나니 더 이상 말이 필요 없었다.

나는 집으로 오면서 생각했다. 그에게는 이 모든 일이 어떻게 비춰졌을까, 혹시라도 낯선 사람에게 헛소리 하는 것으로 비춰지지 않을까? 아니면 내가 하나님의 일을 하는 사람이 힘든 길을 가고 있을 때에 필요한 격려가 되기 위해 사용되었을 가능성은?

당신은 어떻게 생각하는지?

제10장

종에게 자기 소유를 맡긴 주인과 같은 것

또 어떤 사람이 타국에 갈 때 그 종들을 불러 자기 소유를 맡김과 같으니
마태복음 25장 14절

2,000여 년 전 예수님이 이 달란트 비유를 말씀하셨지만, 그 진정한 의미에 대해서는 의견이 분분하다.

사실 이야기는 단순하기 그지없다. 먼 여행을 떠나는 사람이 종들에게 자신이 가진 돈을 나눠준다. 그리고 돌아와서는 그들이 그 자금을 어떻게 사용했는지 설명을 요구한다.

주인은 예수님을 상징한다는 해석이 많다. 주인이 여행을 떠났다 돌아오는 것을 예수님의 승천과 재림이라고 보기도 한다. 하지만 이 예화에서 예수님은 "심지 않은 데서 거두"는 "굳은 사람"으로 그려진다. 또 그는 자신의 돈에 대한 이자를 기대하는데, 실상 고리대금

업은 구약에서 금지된 관행이었다.

어떤 역사가들은 주인의 여행에 대해 헤롯 아켈라오스(Herod Archelaus)가 당시 로마의 지배를 받고 있던 유대의 통치권을 인정받기 위해 로마로 간 것이라는 추측을 제기한다.

그런 여러 해석에도 불구하고 그 비유 중 일부분의 내용은 자명하다. "잘하였도다 착하고 충성된 종아 네가 적은 일에 충성하였으매 내가 많은 것을 네게 맡기리니 네 주인의 즐거움에 참여할지어다."

예수님의 제자들은 작은 믿음이 기적을 이룬다는 것을, 그리고 주님을 신뢰하는 것만으로도 주의 일을 충분히 할 수 있다는 것을 예수님을 통해 배웠다.

이 비유에서 사용된 '달란트'라는 말은 돈의 단위를 말한다. 현대어에서 달란트는 우리가 잘 하는 어떤 일을 말한다. 모든 사람이 돈이 있는 것은 아니지만—게다가 하나님은 돈이 필요가 없으시다— 누구나 한두 가지의 재능은 가지고 있다.

그러므로 이 달란트의 비유에서 우리가 얻을 교훈은 이것이다: 하나님이 당신에게 주신 기술과 능력을 신실하게 사용하라. 그러면 당신은 확실히 우리 주님의 기쁨 안으로 들어가게 될 것이다.

＊ ＊ ＊ ＊ ＊ ＊

줄리의 직업은 간호사이다. 그래서 환자의 혈액을 채취해야 하지만 연세 드신 분들의 혈관은 찾기가 어려울 때가 종종 있다. 어떤 이들은 건강한 혈관을 가지고 있어도 … 바늘에 대한 지나친 두려움이 있기도 하다. 그 어느 쪽이거나 줄리의 일을 어렵게 하는 것은 마찬가지이다.

혈액 채취는 아무도 좋아하지 않는 일이고 자신이 당하는 것도 싫어하는 일에 속한다. 하지만 없어서는 안 될 중요한 일인데, 다행히 줄리는 그 일을 잘 한다는 평판을 얻고 있다. 그래서 그 지역의 다른 간호사들도 자신의 혈액을 채취할 필요가 생기면 줄리를 찾아온다.

대부분 줄리의 환자들은 줄리가 혈액을 빼는지도 못 느낀다. 때로는 시작했다는 것을 깨닫기도 전에 마친다.

어떻게 그렇게 하느냐고? 그건 부분적으로 줄리가 자신의 일을 늘 하나님 앞에 기도로 가져가기 때문이다. 하루에도 여러 번 줄리는 하나님께 환자들이 필요한 과정을 거칠 때마다 최소한의 고통으로 할 수 있게 해달라고 조용하지만 진지하게 간구한다. 그리고 그 기도는 늘 이루어진다!

줄리는 '화살기도'의 신봉자이다. 알겠지만, 화살기도란 전능하신 분에게 아무런 의례나 의식적인 말이 없이도 즉석에서 핵심적인 간구를 드리는 것이다.

누구나 언제든지 화살기도를 올려드릴 수 있다. 하나님은 당신이 무릎을 꿇거나 교회에 가야한다고 요구하지 않으신다. 그리고 화살기도를 하기 위해 운전대에서 손을 놓거나 아기에게 젖 주는 일을 멈추라고 하지 않으신다. 그분은 단지 당신의 진실함만을 필요로 하신다.

만약 그런 화살이 바늘이 찔릴 때의 고통을 없애준다면, 그것들은 다른 여러 가지 면에서도 그럴 수 있을 것이라고 나는 믿는다.

한동안 글레이디스는 새벽마다 3시 30분이면 잠이 깼다. 잠자리에 든 시간이 몇 시였는지, 전날 얼마나 피곤했는지에 상관없이 날마다 정확히 3시 30분이면 잠에서 깼고, 그것이 신경 쓰였다. 그녀는 대개 다시 곧 잠이 들었지만, 날마다 그 시간에 깨다보니 지치고 왜 그런 일이 벌어지는지 몰라서 당황했다.

한동안 시간이 지난 후 나는 그녀에게 아직도 그러냐고 물었더니, 날마다 같은 시간에 잠이 깨는 것은 여전하지만, 지금 마음은 훨씬 더 편해졌다고 했다.

어느 날 한 친구에게 그런 사실에 대해 불평을 했더니 그 친구가 이렇게 답해주었다고 한다. "오, 정말 멋진 일이구나! 사람들은 그때가 천사들이 가장 바쁘게 일하는 시간이라고 그러더라!"

글래이디스는 그 친구가 어디에서 그런 생각을 하게 되었는지, 그리고 그녀가 말한 '사람들'이 누구인지는 몰라도 그 새벽 시간에 깨어 있는 멋진 동반자가 있다는 생각을 하자 위로가 되었다.

그러면 글래이디스가 다시 잠이 들기 위해 지금은 어떻게 하고 있 냐고? 음, … 자신의 동반자가 누구인지 생각하며, 날이 밝으면 자신이 누구의 천사가 될 수 있을지 생각한단다. 그리고 계획이 서면 기분 좋게 잠에 다시 빠졌다가 … 아침에는 사명을 가지고 깨어나는 것이다!

나는 하나님의 천사가 하루 중 어떤 특정한 시간에 특별히 더 바쁘게 움직인다는 생각을 해본 적은 없지만, 이 이야기는 더 많은 사람들이 도움을 얻는 것으로 끝을 맺는다. 그렇다면, 글래이디스의 그 생각을 진짜 천사도 용납할 것이라 나는 확신한다!

지난 성탄절에 나는 교회에서 하는 예수님 탄생을 다룬 성극에 내 미약한 재능을 사용하게 되었다. 성극에 영국의 판토마임 형식을 차용했다. 즉, 과장된 몸짓과 모든 것을 우스꽝스럽게 만드는(물론 전하려는 메시지는 제외하고) 것이 특징이다. 그래서 동방박사들은 마피아 스타일로 차려 입고, 나귀는 몇 번이나 관객들에게 뛰어들고, 어린이들이 악한 헤롯 왕에게 사탕을 던질 때(내가 사탕을 좋아하는 것은 다행이었고!) 관객들은 그에게 야유를 퍼부었다. 심지어는 요셉도 웃겨서 늘 자신의 목공기구와 나무 조각을 들고 다니면서 아내 마리아가 아기를 낳을 때에도 그는 뭔가를 만들고 있었다.

하지만 마리아! 아, 그녀는 아름다웠다. 모든 사람이 그녀의 연기에는 천상의 아름다움이 존재했다는 것에 동의했다. 마리아와 천사 (아기 예수를 대신한 진짜 아기를 포함하여)는 완벽하게 자신의 역할을 소화했다. 그들의 연기로 인해 가장 중요한 메시지가 전달된 것이다.

마리아가 팔에 아기를 안고 자리에서 일어나 간단한 기타 반주로 예수님이 세상을 어떻게 바꿀 것인가를 노래할 때 … 음 … 다 큰 어른들도 눈물을 흘렸다. (다시 말하지만, 다른 어른 남자들과 함께 나도 눈에 뭔가가 있었다!)

그 후 한 달쯤 지났을 때 어떤 다른 일로 '헤롯 왕'이 '마리아'에게 이메일을 했다. 우리는 교회에 대해 의견을 나누었고, 마리아였던 리즈는 우리 교회에 등록하기 전에 어떤 깨달음을 얻었다고 했다. 그녀는 그로 인한 자신의 기쁨은 말로 표현할 수가 없다고 했다.

"제가 그런 말을 할 줄은 꿈에도 생각 못했을 거예요!"

"무슨 말이시죠?" 내가 반문했다.

"왜, 몇 년 전에 드렸던 제 이메일 생각 안 나세요?"

기억이 없었다. 내가 아는 한, 우리는 성탄극을 위한 준비 모임에서 처음으로 만났었다. 정말 미안했지만 결국 나는 그녀의 도움을 받아 내 기억을 살려낼 수 있었다.

몇 년 전 나는 틴 챌린지 사역에 관계하여 청년들이 교회에 나가고 교회가 후원하는 재활 프로그램에 참여하도록 촉구한 적이 있었다. 나한테 쓴 이메일에서 리즈는 교회와 교회가 주창하는 모든 것에 열정적으로 비난을 퍼부었다.

"그게 당신이었단 말예요?" 나는 숨이 턱 막혔다. (이메일을 쓰면서도 숨이 막힐 수 있다는 사실을 처음 경험했다!)

그녀가 내 망할 기억의 빠진 부분을 채워주는 동안, 나는 처음에 우리가 어떻게 연락을 하게 되었는지부터 기억하려고 노력해보았다. 틴 챌린지라, 게리라고 하는 친구가 있었는데, 크리스라는 친구의 친구였고, 그 친구의 여동생이 비슷한 경험을 했었다고, 하지만 그 여동생은 가족 중에서도 검은 양이라, 반항을 했고, 일이 잘 풀리지 않아서, 희망이 없고, 그래서 슬프다, 라는 등등의 이야기가 생각이 났다.

나는 조명을 받고 서 있던, 긴장하면서도 안정감 있던, 하나님이 자신에게 어떤 일을 하셨는지 그리고 예수님이 세상을 위해 어떤 일을 하셨는지 관객들을 향해 노래하던 리즈의 모습을 보았다. 그녀의 가슴에서 우러나오는 진지함이 그 성탄극의 하이라이트를 장식했다.

그녀는 인생의 먼 길을 돌아왔다!

검은 양이라고! 그랬을지 모른다. 반항아였다고? 그 말에 의심하지 않는다.

하지만 희망이 없는 사람이라고? 우리 하나님이 계시는 곳에서는 그런 사람은 없다.

나는 옛날 양치기를 위한 기사를 쓰려고 92세 된 레스를 면담하고 있었다. 처음에는 힘들었다. 내가 그에게 그다지 좋은 첫인상을 주지 못한 것 같았다.

한 번은 그가 아침에 일을 하러 나가는 것에 대한 이야기를 해주었다. 그 길은 일반적인 출근길과는 달랐다. 스코틀랜드의 가파른 언덕을 넘어 몇 킬로미터를 걸어야 했던 것이다. 계곡을 건너는 것은 여름에는 괜찮았다. 하지만 겨울이 되어 계곡물이 사나운 급류로 변할 때는 어떻게 했을까?

"나는 먼저 계곡 반대편으로 윗도리를 던졌지. 그리고는 그 저고리를 찾기 위해 필사적으로 건넜지."

"그게 무슨 차이가 있는데요?"

그는 천천히 그러나 또박또박 말했다.

"그게 내게는 하나뿐인 윗도리였으니까!" 그리고 그는 언제나 그 옷을 찾았다.

그리고 그는 하고 싶었던 이야기로 주제를 돌렸다.

"자네, 예수님을 아는가?"

나는 잘은 모른다고 실토했다.

"주님을 알아야 해. 그분에게 자네 마음을 드려. 그 다음에 그 마음을 찾으면 된다네!"

5대째 양치기였던 그는 그 후 위대한 목자에게 돌아갔다. 만약 지금 그를 만날 수 있으면 이렇게 말하고 싶다. "레스, 제가 예수님을 만났어요. 그리고 당신이 권해주신 대로 그분에게 제 마음을 드리고, 가파른 언덕을 올라가서, 때로는 정상에서 경치를 즐기기도 하다가 어두운 골짜기로 떨어지기도 했죠. 하지만 그래도 여전히 여행 중입니다. 나는 언젠가 결국은 그곳에 도달할 것을 압니다. 왜냐하면 제게도 제 마음은 하나뿐이거든요."

'군대에서 한 가닥' 하던 자리에 있다가 이후 짧은 기간 동안 사제직에 있었던 분이 은퇴했다. 지금 그는 해변에 초소를 조직하여, 문제가 있는 배가 없는지 살피고 관광객이 안전하도록 정보를 주고 있다.

그가 사제가 된 배경은 이랬다. 그가 장군으로 근무하던 베트남이 막 몰락하기 직전이었다. 그는 아내와 함께 사이공을 빠져나와 영국에 도착했다. 수중에 있는 돈이라고는 달랑 10파운드였다. 그 후 그는 사제가 되었다.

그가 나에게 이 이야기를 해주었다.

"나는 내 동료인 데이비드와 예배를 준비하고 있었죠. 교회에 한 여자 아이가 울고 있는 거예요. 그 아버지는 세르비아 사람이고 어머니는 크로아티아 사람이었죠. 그때는 발칸 반도의 갈등이 점차 심화되던 와중이었어요. 그 아이가 내게 묻더군요. '우리를 도와주시겠어요?' 나는 '그래'라고 대답했죠. 그랬더니, 그 아이는, '예수님 앞에서 선서를 해주세요!' 이러는 거예요. 그래서 아이의 말대로 한 거죠."

"내 동료가 그 예식을 맡아 주었고, 나는 커피를 만들러 들어갔다 돌아와 보니, 그 아이는 이미 사라졌더군요. 데이비드는 그 아이가 나가는 모습을 보지도 못했다고 하더군요. 웬만해서는 그런 말을 할 친구가 아닌 데도 그는 그 소녀가 얼마나 아름다웠는지 감동을 받았다고 해요. 그 아이는 갔지만 나는 선서를 했지요.

그래서 나는 TV 방송국에 가서 우리가 보스니아로 보낼 트럭 두 대 분량의 물품을 가지고 있는데, 어떻게 허락을 받아야할지 모르겠다, 트럭을 어디서 얻어야할지도 모르겠다고 했죠. 14일이 지나자 우리에게는 21톤 분량의 지원품이 모였어요. 우리에겐 운전사가 5명이 있었지만 그들은 좀 다쳤죠.

그때 크로아티아 대사관에서 연락이 왔어요. 그들은 산모 병동에 필요한 물품이 필요하다고 하더군요. 마침 누구에게 요청해야 할지를 아는 한 방문객이 있었어요. 이틀 만에 그 병원은 필요한 물품을 구했죠."

"셔틀랜드 섬에서는 40톤에 달하는 교육 자료를 제공해왔어요. 우리가 그것들을 어떻게 셔틀랜드에서 옥스퍼드로 가져 왔는지 궁금하지 않으세요? 음, 독일 해군이 무료로 날라다 주었죠!

이년 만에 우리는 천 톤을 선적했어요. 그리고 오년 후에는 다시 육천 톤을 보냈죠. 저는 남편이 살해된 여성들이 약 700명이나 모인 캠프도 방문한 적이 있습니다. 우리가 이 땅에 머무는 시간은 아주 짧아요. 그러니 못할 일이 무엇이겠습니까?"

그가 그 사역을 마감할 즈음 그는 13명의 대사들과 2개국의 정상으로부터 감사 편지를 받았다. 하지만 그는 그 모든 일들이 우연히 하게 된 일이라고 생각했다.

나는 교회에서 그가 만났다는 그 소녀, 무서운 폭력적인 갈등의 양쪽 모두에 속했던 그 비범하게 아름다웠던 소녀에 대해 생각해보았다. 창피함을 무릅쓰고 그에게 이렇게 질문했다. "혹시 그 소녀가 천사였다고 생각 안 해보셨나요?"

"저는 그런 것에 대해서는 믿지 않습니다. 내가 겪었던 일들에서 하나님을 찾기가 힘들었거든요." 그가 퉁명스럽게 말했다.

그때 내 입에서는 생각지도 않았던 답이 튀어나갔다. 내가 그런 말을 했다는 것을 나도 믿을 수가 없을 지경이지만, 뭐 달리 해석할 방법이 없기도 했다.

"당신이 하나님을 만나지 못한 것은 그분이 당신의 뒤에서 당신이 올바른 방향으로 가도록 밀고 계셨기 때문이겠죠."

침묵이 흘렀고, 바람소리와 갈매기 소리만이 요란했다. 마침내 그가 다시 입을 열었다.

"나이가 더 들면," 장군이 천천히 말했다. "당신 생각이 사실이라고 생각될 수도 있겠죠!"

해리는 내가 지나갈 때 마침 무릎을 꿇고 일을 하고 있었다.

"정원 일을 좋아하시니 다행이네요." 내가 그의 울타리를 넘겨다보며 말했다.

그는 내 말에 그다지 기뻐하는 표정이 아니었다. "어째서 그런 말을 하는 거요?" 그는 불만이 섞인 어투로 물었다. "나는 정원 가꾸는 일을 좋아하지 않소. 조금도. 실은 싫어한다고 말할 수 있지."

"그러면 …" 나는 손을 들어 그가 가꾸고 있는 마당을 가리켰다. 무슨 말이 필요하랴? 이웃들은 정원에 자갈을 깔거나 콘크리트 슬라브로 바닥을 메워버리는 중에, 해리는 잔디와 넝쿨과 꽃을 키우고 있는데! "… 저것들은 다 뭐래요?"

그는 방금 자신이 심어 놓은 어린 침엽수를 돋우어주고 일어섰다. 그 나무는 푸른 가지만큼이나 갈색으로 죽어버린 가지들과 잎이 시들어 있었다. 그는 자신의 정원을 둘러보며 나를 보더니 해명했다.

"저것들은 모두 이래저래 버려질 운명이었소. 어떤 것들은 주인의 정원에서는 필요 없어져서 길가 숲에 버려진 것들이 많소. … 그래도 … 저것들은 살아있는 것들인데 말이요!"

해리는 자신의 마음을 숨기려고 화난 표정을 지었다. "그냥 그 옆을 지나면서 저것들을 죽게 내버려둘 수가 없지 않겠소?"

"안 되죠. 해리."라고 맞장구치며 나는 미소를 지었다. 그것이 그를 더 당황하게 만들었던 것 같았다. "당신 같으면 그러겠소?" 그가 덧붙였다.

나는 이스라엘 사람들과 사마리아 사람들 사이의 해묵은 적대감에 대해 생각했다. 그리고 그 선한 사마리아 사람이 길가에 맞아서 쓰러진 이스라엘 사람을 그냥 두고 지나칠 수 없었던 것도. 그도 해리가 정원 가꾸기를 싫어하는 것만큼이나 이스라엘 사람을 싫어하지 않았을까?

세상에 어떤 종류의 증오나 미움이 존재한다는 것은 그것이 전통이나 종교, 그 어떤 이유를 들어도 부끄러운 일이다. 하지만 우리의 마음속에는 미움의 샘 밑에 더 깊이 흐르는 강이 있다. 인류애, 생명에 대한 존중, 뭐 그런 것들 말이다. 그리고 이 세상에는 여전히 그들의 확고한 믿음이나 가치관에도 불구하고 그냥 지나치기를 거부하는 사람들이 존재한다는 사실에 내 마음이 따스해진다.

해리의 그냥 지나치지 못하는, '불가능'의 결과는 다양하고 아름다운 멋진 정원이 되었다. 그것이 환상적이고 세련되지는 않았을지 모르지만, 그래도 살아있고 역동적이며 무성하게 자란다.

해리는 다시 무릎을 꿇고 방금 심어 놓은, 이전에는 반쯤 죽어 가던 그 버려진 침엽수의 뿌리 주변 구멍에 비료를 주기 시작했다. 나는 그에게 좋은 하루를 보내라는 인사를 하고 내 일을 보러 갔다.

마지막으로 해리가 다소 평범치 않은 친구들을 가지고 있다는 말을 덧붙이고 싶다. 그의 친구들은 대개 '예의바른 사회'에서는 그다지 환영받지 못하거나 편안하게 느끼지 못할 사람들이다. 대부분은 과거 길가에 버려진 사람들이었다. 그리고 많은 이들은 그 인생을 쓰레기통을 뒤지는 것으로 끝낼 법한 사람들이었다. 하지만 해리는 그들을 자신의 친구로 삼았다. 그리고 그 결과는 다양하고 멋진 친구들의 조합이 되었다.

거리에서 해리를 만나는 사람들은 그에게 어떤 기대를 하게 될까?

한 삼사 년 전에 나는 지역 라디오 방송국에 자원봉사팀의 일원으로 일한 적이 있었다. 그 방송국은 쓰리 타운즈 FM-가까운 세 마을을 대상으로 보내는 방송이라 하여-이라고 했다.

그 일에서 내가 맡은 부분은 아주 사소한 것이라 아무도 어려운 일이라 생각지 않을 일들이었다. 그건 이야기를 잘 하는 사람을 찾는다는 교회의 안내에서 시작되었다. 목회자 가운데서는 아무도 자격이 있다고 생각하는 사람이 없어서, 내가 서둘러 자원했다.

종종 나는 마이크 앞에 앉아서 몇 개의 이야기를 녹음하고, 그들의 아침 방송인 '오늘의 생각'을 진행했다. 그건 팀 작업이었으며,

다양한 교파의 많은 사람들이 자신의 이야기를 했고, 실제 '일' 은 녹음 엔지니어들의 담당이었다.

첫 12개월이 지난 후(그리고 내가 아직 그다지 방송에서 팬을 확보하지 못했을 때), 모든 일을 예전 방식대로 제대로 하고 싶어 하는 어떤 목사님이 방송국 사람들에게 카드를 보냈다. 그 카드에 그분은 각자 개인적인 감사를 하셨다. … 청취자와 방송국의 입장에서.

그리고는 이렇게 덧붙였다. "하나님께서 … 음, 주님이 당신을 만난다면 감사하다고 하실 겁니다!"

정말 근사한 '감사의 인사' 아닌가? 세상에는 별 것 아닌 것으로도 사람을 감동시키는 일들이 있다.

허술한 옷차림의 길거리 악사가 한 시간 가량 미국의 워싱턴DC 지하철역에서 연주를 하고 있었다. 수많은 사람들이 그를 지나쳐 갔지만 대부분 그에게는 눈길도 주지 않았다.

그런데 그중에 한 남자가 서서 그 음악을 몇 분 동안 감상했고, 한 음악가는 그 악사의 기교를 한 일 분 듣고 칭찬하더니 자기 갈 길을 갔으며, 한 여자는 '가운데 앞줄' 에 서서 놀란 미소를 지으며 연주를 들었다. 그 여자가 이 악사를 제대로 알아보았다.

그날 악사로 길거리에 섰던 그는 조슈아 벨이라는 세계에서 가장 뛰어난 바이올린 주자의 한 명이었다. 그의 스트라디바리우스(이탈리아

^{사람이 제작한 악기 이름-역주})는 수백만 달러짜리였다.

사실 그가 이 자리에 선 것은 워싱턴 포스트 지의 실험 무대로, 만약 어떤 위대한 예술이 아무런 정보 없이 제시되었을 때에 사람들이 과연 그 예술의 가치를 알아볼 것이냐에 관한 것이었다. 아주 약간의 예외를 제외하고 결과는 그렇지 못했다.

우리의 고정관념은 고전 음악 연주는 콘서트홀에서나 이루어진다고 예상한다. 마치 예수님을 성경에서나 기대하는 것과 마찬가지이다. 하지만 조슈아 벨은 무대 위에서 살지 않는다. 예수님도 책 안에서 살지 않으신다. 그분은 날마다 이 땅을 걸으시면서 대개 당신이 그분이 있으리라는 기대를 가장 적게 하는 그 곳에 계신다.

죠수아 벨 공연 입장권은 400달러에 달하지만, 그 워싱턴 DC 사람들은 그의 연주를 공짜로 들을 수 있었다. 음, 당신이 예수님을 만나려면 얼마를 지불해야 할 것인가? 아무 값도 치르지 않아도 예수님을 만날 수 있는 기회가 있는데 그분을 만나지 못했다면 얼마나 후회스럽겠는가?

그렇다면 우리가 예수님을 만나지 못하고 그냥 지나치는 것은 만나고 싶어 하지 않아서일까? 아니면 만나고는 싶지만 다른 중요한 일들에 우선순위가 밀리는 것인가? 우리는 주변에 누가 서 있는지도 모르고 그냥 분주한 군중들에 휩쓸리고 말 것인가? 아니면 예수님이 일하심을 알아보고, 그분의 제자가 되어, 놀란 미소를 지으며

'가운데 앞자리'에 설 것인가?

에릭 리델은 1924년 파리 올림픽에서 금메달을 딴 스코틀랜드 선수이다. 그는 이후 선교사가 되어 캐나다로 갔다. 〈불의 전차(Chariots of Fire)〉라는 영화가 그의 이야기이다.

나는 이야기를 찾는 기자였다.

에든버러의 에릭 리델 센터의 관리자를 만나 인터뷰를 한 적이 있었다. 그곳은 많은 자선 단체들이 입주해 있었다. 우리는 그 위대한 사람에 대해 이야기를 나누었다.

"그분의 따님을 만나시는 것도 좋으실 거예요." 그가 제안했다.

물론, 그렇지만, 나는 속으로 생각했다. 나를 만나줄까?

그 당시에는 몰랐지만 어떤 사람들은 그 존재만으로도 당신의 기반을 흔들어 놓을 수 있다. 에릭 리델의 딸인 패트리샤 러셀은 면담 중에도 하나님에 관해 직접적으로는 말을 하지 않았다. 그녀는 우리가 대화를 나누는 내내 그냥 그분의 임재 안에 있었다.

패트리샤의 아버지, 그러니까 에릭은 그 어머니가 부르던 옛날 찬송가 '99마리와 한 마리'를 듣는 것을 좋아했다. 예수님이 99마리의 양을 안전한 곳에 두고 한 마리 잃어버린 양을 찾아 다시 폭풍우 속으로 나선 이야기를 담은 찬송가였다.

어머니가 그 찬송가를 부를 때마다 어린 에릭은 눈물을 흘렸다.

결국 에릭의 어머니는 그 찬송가를 부르지 않으려 했지만, 에릭은 엄마에게 다시 불러달라고, 다시는 울지 않겠다고 약속하며 졸랐다. 그래서 엄마가 다시 부르자, 에릭은 얼굴을 벽으로 향하여 자신의 눈물이 보이지 않게 했다고 한다.

2차 대전이 중국에까지 영향을 미치자, 그곳에서 선교사로 살던 패트리샤의 가족은 아버지인 에릭에게는 먼저 안전한 곳에 두어야 할 양들이었고, 그들은 결국 캐나다로 향하는 증기선을 타게 되었다. 패트리샤는 배가 멀어져갈 때 아버지가 등을 돌리고 눈물을 보이려하지 않았던 장면을 두고두고 기억했다. 그 후 그는 3개 부대가 전투 중이던 내륙으로 들어가 많은 사람들을 살렸다.

에릭은 수용소에서 죽었다. 하지만 그의 삶은 그가 도왔던 많은 사람들의 손자들에게 오늘날까지 기억되고 있다.

나는 패트리샤에게 영화에 대해 질문했다. 그 영화에서 보면 그녀의 아버지는 금메달을 딸 것이라고 거의 보장되었던 100미터 경기를 뛰지 않았다. 예선전이 일요일에 열렸기 때문이었다. 그날 그는 교회에 갔다.

그는 400미터 경기에 참가했는데, 아무도 그가 이길 수 있다고, 심지어는 세계 신기록을 세울 것이라고는 생각하지 않았다.

"아버지가 옳은 결정을 하셨다고 생각하세요?" 내가 물었다.

"물론이죠. 만약 아버지가 100미터 경기에 나갔더라면 졌을 거예요."

"어떻게 그렇게 확신하세요?"

"왜냐하면 그렇게 된다면 아버지의 중심이 무너졌을 것이기 때문이죠."

흠, 흥미로운 통찰력이군, 라고 내 안에 있는 기자가 생각하는 동안, 내 안에 있는 또 다른 혼란스러운 영혼은 이렇게 생각했다. 나도 그런 중심이 있으면 좋겠어. 나도 에릭 리델이 가졌던 그런 '무엇'인가를, 그의 딸이 온몸으로 반사시키고 있는 그것을 가지고 싶었다.

나는 선교사가 되지도, 올림픽 메달을 따지도 못했다. 게다가 에릭 리델의 딸을 인터뷰한 후 얼마 되지 않아 바로 기자도 그만두었다. 대신 하나님에 대한 글을 집중적으로 쓰고 싶었다. 하지만 내가 위대한 어느 곳에서 에릭을 만나게 될 때, 훌륭하게 달렸다는 그의 칭찬을 받고 싶다.

우리 글쓰기 모임의 회원들은 돌아가면서 자신이 전 주에 써온 작품을 읽는다. 존이 페이지를 넘기면서 말했다. "시작하기 전에, 나는 이 작품이 특별히 잘 쓰인 작품이라고 말하고 싶습니다. 이것은 힘 있고 상상력이 풍부한 아이디어를 시적 언어로 표현하였습니다. 이 저자는 분명 위대한 작품을 쓸 준비가 되어 있네요."

존은 시치미를 떼고 아무렇지도 않은 얼굴로 있었고, 어리둥절한 좌중에는 잠시 침묵이 흘렀다. 그러다 모두 웃음을 터트렸다.

거의 매주 그 모임의 강사는 '벌금 상자'를 도입하겠다고 협박을 했다. 자신의 작품을 소개하면서 사과조의 변명을 하는 사람은 그 상자에 일 파운드를 벌금으로 물어야 하는 것이었다.

존은 절대 그럴 필요가 없었다!

많은 사람들이 그런 습관을 가지고 있다. 우리 자신의 노력을 인정하지 않거나 … 또는 다른 사람의 노력보다는 터무니없이 부족하다고 생각한다.

우리는 자신을 낮추는 일이 너무 많다. 하지만 아무리 보잘 것 없다고 느낄지언정 우리는 하나님이 설계하신 놀라운 창조의 부분이다. 그리고 하나님의 작품은 모든 것이 경탄의 대상이 아닌가!

다음에 당신의 차례가 오면 존의 예를 기억하라. 그리고 잊지 말라. 그가 그랬던 것처럼, 당신은 위대한 작품을 쓸 준비가 되어 있다.

내가 바로 그 글쓰기 모임의 강사이다. 나로 하여금 '벌금 상자'를 당신에게 들이대게 하지 말라!

이웃사람은 그다지 대단한 정원사 … 혹은 솜씨꾼은 아니다. 우리는 서로 몇 년을 이웃하고 살았으며, 나는 그의 정원이 점점 황폐해지는 것을 지켜봤다. 뒷마당을 두르고 있던 3개의 울타리들은 점차 무너져 내렸다. 그나마 계획적으로 다양하게 배치된 정원에서 어떤 것이 마지막 남은 울타리 하나가 도로 위로 넘어지지 않도록 지탱하고 있었다.

그가 이사를 나간 한참 후, 나는 울타리 틈을 통해 안으로 들어가서 뭐가 남았는지 조사했다. 거기 있는 거의 모든 것들은 불쏘시개 감으로나 쓸법한 것들이었지만, 아내는 정원 벤치는 그래도 고쳐서 쓸 만하지 않겠냐고 물었다. 나는 그 벤치를 들어서 보았다. 그것은 세월의 흔적을 고스란히 가지고 있었으며, 방치된 것들이었다. 나무 판자는 칠이 벗겨져서 곰팡이마저 피어 있었다. 금속재로 된 다리는 녹이 슬었으며, 전체적으로는 삐걱거렸다. 나는 그것을 다시 내려놓았다.

그 후로도 몇 차례나 재촉을 받는 바람에 나도 혹시나 하는 마음이 생겼고, 처음 내 판단에도 불구하고 다시 돌아가서 그 벤치를 집에다 가져왔다.

의자는 내 몸무게를 지탱하지도 못할 정도로 낡은 것이었지만, 아내는 그래도 좋아했다. 먼저 나는 페퍼 질을 하여 녹을 벗겨 내었다. 그리고 한동안 그 상태로 두었다. 그 후에 나는 스크루를 더 조여 주었다. … 그 상태로 시간이 더 지났다. 나는 구부러지는 금속 띠를 사서 벤치에 드릴로 구멍을 내고 약해진 나무판자의 밑으로 스크루로 부착을 했다. 이제 판자들은 그 위에 앉는 사람의 무게를 나눌 수 있게 되었다.

그 상태로 다시 시간이 지났다. 이번에는 나무에 방수칠을 했다.

잠시 시간이 더 지나 나는 세일 중이던 녹색 페인트 한 통을 샀다. 그것을 금속 다리에 칠했더니, 아무 보기 좋아졌다.

이렇게 말하고 나니 작은 벤치 하나를 고치려고 너무 많은 노력을 기울인 것처럼 보일지 모르겠다. 하지만 여기에 조금 저기에 조금 몇 달에 걸친 작업이었기 때문에 정작 나는 전혀 힘이 들지 않았다. … 단지 약간의 비용을 들였을 뿐.

이제 원래는 쓰레기 하치장에나 어울릴법하던 벤치가 이제는 겨울을 맞고, 그 다음 해의 봄과 여름을 기품 있고 튼튼하게 날 준비가 되었다.

그 벤치는 아름다워졌고, 나는 내가 한 일에 만족한다. 게다가 이런 생각까지 하게 만들었다. 이곳저곳에 들어간 작은 수고가 낡은 정원 벤치를 탈바꿈시킨 것처럼, 벤치 전 주인의 인생에도 같은 노력이 들어갔더라면 그가 좀 바뀌지 않았을까?

가끔은 전혀 구제불능으로 보이는 사람들이 있다. 그렇다고 그들을 모두 재활용센터에 주고 돌아서버리는 것이 옳을까? 그 일을 한꺼번에 한다고 생각하면 거기에 소요될 시간과 노력이 클 것이므로 그런 유혹을 받을 수도 있겠다. 하지만 여기 조금 저기 조금, 그런

식의 노력을 충분한 시간을 두고 한다면 변화를 만들 수 있다.

만약 당신이 그런 인내심(그리고 당신의 잠재력을 건드려 주는 사람이 있다면), 당신은 세월에 무너지고 버려진 인생일지라도 힘과 존엄성을 회복시킬 수 있다.

이번에는 그 대상이 한낱 벤치였을지라도, 다음에는….

극장의 오케스트라 피트는 대부분 무대 앞에 있는 것이 아니라 무대 밑에 있는 경우가 많다.

아내와 함께 〈요셉, 어메이징 테크니컬러 드림코트〉라는 뮤지컬을 보면서 나는 음악과 연극이 서로 잘 조화된 연출이라고 생각했다. 음악가들은 모든 적절한 곳에 극적 요소와 감각적인 면들을 더하였고, 배우들은 음악적인 요소를 잘 소화하여 이야기를 강조하도록 했다.

이 모든 일이 연주자들과 배우들이 서로를 볼 수 없다는 사실에도 불구하고 이루어지고 있었다. 그들에게는 대사와 악보가 있었지만, 그렇다고 그 두 가지가 잘 들어맞으라는 보장은 없다.

그것은 오케스트라 피트와 무대 사이의 중간 단상에 선 사람의 책임이다. 그 둘을 모두 볼 수 있는 사람, 즉 지휘자가 있다.

연극을 하는 배우들이 제 때에 음악에 맞춰서 나올 것이라고 기대하는 것처럼, 우리는 인생의 어떤 일들은 마술처럼 우리 앞에 때가 되면 나타날 것이라고 기대한다. 그리고 연주자들이 자신의 피트에서 연주를 하는 것처럼, 우리도 그 결과를 보지 않아도 어떤 일들을 행한다.

대본이나 악보 대신 우리에게는 성경이 있다. 그리고 또 우리에게는 위와 아래 그 사이에 서 계시는 예수님이 있다. 그분은 모든 것들이 잘 맞아떨어지도록 보고 계신 분이시며, 또 그분은 우리가 그분께 허락한다면, 우리가 인생이라고 부르는 이 쇼의 박스 오피스가 매진이 되게 만드실 것이다.

그러니, 당신이 어둠 속에서 길을 잃었다고 느낄 때에나 자신의 영혼 속에 천상의 음악을 느낄 수 없다고 생각될 때면, 당신의 지휘자 되신 그분을 찾으라.

캘빈홀 미술관에 들어서면서 발코니 층을 올려다보면, 거대한 오르간 파이프를 볼 수 있다. 점심시간이면 오르간 주자가 거기 앉아 미술관 전체를 빨아들일 듯한 연주를 들려준다. 그것도 공짜로!

우리가 봤던 그 주자는 고전 음악 몇 곡과 스코틀랜드 민요를 연주하고 나서는, 분위기에 맞추어 아바의 '맘마미아'를 연주했다.

곡이 하나 끝날 때마다 그는 박수세례를 받았다. 그리고 박수가 한 차례 지나고 나면 그는 돌아서 다음 곡을 연주하겠다는 뜻으로 손을 흔든다. 그는 연주가 다 끝나고 자리에 일어나 감상해주어서 고맙다고 하고, 반대로 우리에게 한 차례 박수를 쳐주고는 또 자신이 연주했던 그 아름다운 악기를 향해서도 박수를 치도록 사람들에게 부탁했다….

그래야 마땅했다. 그는 그 악기를 설계하지도, 만들지도, 또 돈을 지불하지도 않았다. 그러나 그의 모든 노력은 그 악기가 없이는 이루어질 수 없는 것들이었다.

우리도 그 연주자와 마찬가지로 우리에게 주어진 이 인생을 가지고 우리 자신의 곡을 연주하는 것이라고 말할 수 있다. 어떤 곡은 어렵고, 조화가 잘 이루어지지 않지만, 많은 곡들이 아름다운 하모니를 이룬다. 우리 대부분은 그 둘 사이에서 움직인다. 쉽지 않은 곳에서 출발하더라도 아름다운 결과를 이루기 바라며. 하지만 연주를 하면서도 우리가 잊지 말아야 할 것은 인생 자체가 선물이라는 사실이다.

이따금, 우리는 이 삶에서 우리가 받는 박수갈채 뒤에서 선물을 우리에게 주신 그 분을 향해 몸을 쭉 내밀고 감사의 박수를 힘껏 칠 수 있다. 그 선물을 설계하고, 만들고, 그리고도 값까지 지불하신 그 분에게 말이다.

브라보, 하나님! 좋은 연주에 감사합니다, 브라보!

천국, 시간여행

2014년 7월 28일 초판 발행
지은이 | David Mclaughlan
옮긴이 | 임신희
발행인 | 김 수 곤
발행처 | 도서출판 선교횃불(ccm2u)
　　　　전화: (02) 2203-2739
　　　　팩스: (02) 2203-2738
등록일 | 1999년 9월 21일 제54호
등록주소 | 서울시 송파구 삼전동 103번지
홈페이지 | www.ccm2u.com